羅光著

生命哲學

再續編

臺灣學生書局印行

序

民國八十一年元月，出版了生命哲學續編，現在又寫了生命哲學再續編，將於八十三年六月付印，兩冊書中，對於生命哲學訂定本的思想，有改正的地方，有發揮的地方。讀者可能有所疑慮，我的生命哲學究竟是怎麼講？因此，爲向讀者和關心我的思想的學人，有所交待，我便把生命哲學的思想，簡單作一系統的敍述，也作這冊書的代序。

我講生命哲學，從形上本體的理論去講，不同於倫理的人生哲學。形上本體論講「有」，「有」本體有「性」和「在」，「性」講「有」是什麼，「在」說「有」存在。從「性」去講「有」，「在」的本性很空洞，是一個內涵最少，外延最大的觀念，凡一切都是「有」，「有」就是「有」。從「在」去講「有」，則「有」是「動」，因爲「在」是具體的，實際上，「有」是動的，「有」的「在」是動，易經就說宇宙是「易」，萬物也是「易」，易爲變易，爲動。易傳說：「生生之謂易。」（繫辭上·第五章）易經所講的動，乃是「生生」，即生化生命。中國儒家的哲學傳統一貫地講宇宙萬物都是活動的，都是生命。當代研究中國哲學的學者，如熊十力、梁漱溟、方東美、唐君毅、牟宗三諸先生都肯定儒家哲學的中心點是「生命」。因此，我爲求儒家哲學的發展，乃講生命哲學。

一

生命，乃是「存在」，「存在」即本體的「存在」；「存在」既是生命，本體的「存在」就是生命，本體乃是「生命者」；所以說萬物都是活動的，萬物都有生命。

生命究竟是什麼呢？易傳說：「一陰一陽之謂道，繼之者善也，成之者性也。」（繫辭上・第五章）宇宙萬物由陰陽兩原素合成，陰陽兩原素在宇宙間常動，在萬物內也常動。兩原素的動，爲本體內在的動。這種動，構成生命，生命便是「本體內在的動」。

宇宙萬物的本體內在的動，爲一體之動，爲一元之動，這一元之動，中國古代哲學稱爲「大化」，稱爲「生命洪流」，實際乃是「創生力」。

當代物理學說宇宙爲一極大的力，力的動作稱爲「能量」，宇宙的「能量」是「無限的」。宇宙便是一無限能量的創生力，創生力即宇宙本體的力，這個力爲宇宙活動變化的發動力，即是「動因」，繼續發動宇宙的變動，生化萬物。

「創生力」的來源，爲造物主創造宇宙的「創造力」，造物主即是天主上帝，上帝創造宇宙不是從自體分出，乃是用創造力自無中生有造成的。宇宙爲受造物，宇宙的本質，由造物主以自己的全能從無中生有而造的。宇宙的「理」，則是造物主創造宇宙的理念，質和理合成宇宙的本原，本性的「在」，就是「創生力」，即是繼續動的動力。

「創生力」使宇宙繼續動，由動從混沌中生化物體，每一物體的生化，由創生力發動宇宙物質中的物質，按照造物主造生這物的理念相結合而成這物本體的性質，稟受創生力的力而存在。宇宙創生力的變化，時有新種物體的生化，宇宙的變化是進化向上，這種進化向上的事跡，在於生命表現的進化。進化的物體，常因環境不適於生存，造物主創生新物體的理念，由創生力使與宇宙內適當的原質相結合而生化新物體。生化新物體的變化是質的變化，是突破，是進化；質變化的「理」，即「原形」，不在原先的物體內，而是「創生力」從「創造力」所輸送造物主的創造這物體的理念。造物主創造物體的理念，也就是創生力的變化的規則；因爲創生力發動「質素」（原質）和「理念」（原形）相結合而成物；所謂「發動」、「結合」、「成物」，是一個動作，沒有先後，就是創生力之動。創生力之動，有動之理；動之理，由造物主在創造宇宙時就賦予創生力本體宇宙，創生力按時依序而動，動則成物。但是人的理——靈魂，乃是精神體，不能先存在宇宙物質內，每一個人的靈魂直接由造物主的創造力而賦予創生力——即出生的這個人的創生力，也就是這個人活的存在，也就是他的生命，生命便是他的靈魂。

中國哲學從易經常講宇宙的變易，變易是什麼？是陰陽兩元素的結合，這種結合在本體論究竟怎麼講？中國哲學沒有說明。西方哲學亞里斯多德和聖・多瑪斯則說明是由「潛能」到「現成」或「現實」。每一次變動，都有變動起點的能，變動過程的行，變動終點的成。變動的性質有本體的變動和附體的變動。本體的變動有生有滅，附體的變動有質變和量變。

生命為本體內在的動，動的起點和終點都在本體內，動的動力因也在本體內，這種動在形上本體論的解釋有三種不同的解釋。第一種是動沒有潛能，也就沒有起點和終點，只是「純粹的行」；這是絕對實有體——上帝天主的生命，只稱為「行」，沒有動，沒有變。第二種是受造純精神體的動，有潛能，沒有變，即是天使的生命，只有動。第三種是宇宙萬物的動，有潛能，有終點，起變化。

第二種和第三種的本體內在的動，既是生命，便是生而不是滅。本體的變，怎麼可以是生而不是滅呢？但是一個人在生活裏時刻在變，他卻仍舊生活。不過，一個人生活的變可以說是附體的變而不是本體的變，生命的變為存在的變，乃是本體的變。王船山曾說「性日生而命日降」，性日生即是人每天都重新生，所以人的生命是本體變。本體變是人出生；出生以前，在父母本體內有生子女的「潛能」，父母是已經現成的實體，由現成實體的生育子女的「潛能」行動到新生的胚胎，胚胎現成為實體。胚胎的生命由能到成，中間的過程，是由一現成的實體到一現成的實體。胚胎現成以後，繼續變動，由已存在的實體到生化成的實體，便是生，不是滅。若變動的終點，沒有生化的實體，則是滅，是死亡；那是因爲起點的實體，已經沒有生化的潛能。天使實體是精神，常有生化的能，所以以常動、常生，沒有滅而永存。人的身體到死亡境地，沒有生化的潛能，停止變動而死亡，人的靈魂離開肉體，仍舊繼續動而生，常存不死。

二

生命哲學所講的生命是人的生命，人的生命在實際上是我的生命，生命哲學所以講「在」，講實際人的存在，以具體的實際的「我」，作爲研究對象。

我的生命，爲靈肉合一的生命，卽心物合一的生命。「我」在抽象理論上，可以分爲本體和附體，在具體上則是一個主體，一個位格。「一」的基礎在於生命。實體是一，因爲牠「在」，「在」是創造力，創造力是生命，生命創造力使「我」靈魂和身體結成一個我，又使身體的各部份結成我的身體。我的生命是一，貫透整體的我；我的一個肢體若沒有我的生命，實際就和身體隔離。「我」不僅整體結構上是一個我，在時間的變動中，「我」又常是一個同一的我，理由也因爲我有同一的生命，生命的表現可以不同，生命卻常是同一的生命。

「我」的生命是心物合一的生命，無論那一部份的活動，都是「我」的活動。心靈的活動，要用身體的器官；身體的活動，要有心靈的發動，就如思維要用腦神經，睡眠要有心的活動。

「我」生命活動的最高者，是理智認識活動。理智的對象，爲物之理，不是物的形色。「我」先用感官攝取物的形相，形相進入我心中，理智攝取形相之理而制成觀念，觀念卽是物體在人心中的存在，不僅是物體的代表，而是物體在人心中的「意向存在」，一種精神性的存在，這種存在也是人的理智和物體的結合。有了這種結合，「我」便有對物體的認識，無所謂主體和客體的距離，而是主體客體的合一。

中國哲學傳統地講「致知格物」，爲認識人生之道，因爲中國哲學就是講人生之道。人生之道，中庸說「率性之謂道」，性是在我以內，我返觀自己，就認識自己的性。所以格求外物之知，是求知外物對我生活的關係，卽在生活中和我的本性的關係。陸象山主張心外無理，朱熹主張格外物而物理自然貫通，都是主張在主體上求知人生之道，所以沒有西方哲學認識論的主客距離問題。西方哲學的求知，在求知事物的性理，求知客觀的理，客觀的理在外在客觀的事物中，理智在主觀的心靈裏，知識則須主客相合，所以有理智不能進入事物中，事物不能進入人心中，產生主客不能相結合的問題。

「我」的認識活動，應該包括中西哲學的兩部份，旣求知人生之道，又求知事物之理；

求知事物之理是從自然科學和人文科學所得的結論，以求知事物的本性之理。外面客觀事物進入人心，構成一種「意向存在」，主客互相結合。

「我」生命活動的最重要者，在於發展人性的生活。中庸講盡性，中庸第二十二章說：盡性則盡人性，盡人性則盡物性，盡物性則贊天地之化育。這就是倫理生活的善和眞，中庸把至聖和至誠的人相配，至聖爲善，至誠爲眞。

善和眞，是倫理方面的事，善的情動而合節，眞是誠實無妄，善德也是善良的習慣。中國哲學則以善和眞爲人本性的發展，即是人的生命的發展，孟子主張人生來就有仁義禮智之端，人性是善，人發揚仁義禮智即是發揚人性，即是盡性。所以，善不是一種景況，不是行動和法規的關係，而是人性的發展，惡是摧殘人性，儒家常把善惡問題由倫理轉到本體論。我自己從生命哲學去研究，善惡確是關係生命本題的問題。「我」的生命須發揚，發揚有自己的規律，合符規律時，生命得有合理發揚；不合於規律，生命就受傷害。因此，善惡乃是生命受發揚或受摧殘。例如天主教信仰中的信望愛三德，是三種超性力量，使人的超性生命發揚。在本性方面，我們也可以說有生來的力量，使本性生命發揚，即是仁義禮智之端。普通所說性律，不僅是人生來所有的行爲規律，還是人生來行善的能，即是良能，孟子說是愛心（惻隱之心），羞惡之心。人要培養這些良能，良能發揚就是善德。

美，普通說是美感，在客體上說，美是完滿的次序，美感是人對客觀的美的興享。充滿的次序，是物體的本體次序，本體次序藉形相以顯出，美便常有形相。形相的美須有生命力予以貫通，顯出生氣。中國歷代對於畫、雕刻、詩歌，都主張要有生氣，不能死板，「栩栩如生」才是美。藝術品以「神品」爲最高、最美，「神品」卽是精神生動不可測，具有不可測的神妙。凡是生命，不論品質高下，都神妙不可測，美乃是生命的特性。每級生命，本身常是充實(美)，常是眞，也常是善。西方本體論論「有」，「有」本身常是眞美善；生命爲「在」，「在」本身也常是眞美善。因此，論到美，中國詩人常要以自己生活的感情輸入自然的景物中，自然景物的生命和詩人詞人的生命相通，乃有美的詩詞。畫家和雕刻家也把自己的生命，注入自己的作品中，作品才成爲美藝品。

三

生命是活的，常動常化，繼續向前。「我」的生命爲心物合一的生命，在時間和空間中進化。空間爲「我」身體的空間，身體爲物質物，物質物由份子構成，每一份子在另一份子以外，生命常有身體的變化，便常有空間的變化，稱爲「量變」。空間除自然界的空間外還有人事結構的空間，稱爲地位，易經常講位，位是「我」生活在社會的空間，常隨人事而變遷。時間則是生命的延續；但是絕對實體爲絕對的生命，爲純粹的行，沒有動，沒有變，純粹永恒的綿延，稱爲永恒，超出時間，或說爲純粹的「時」。受選的精神體天使，他們的生命，由能到成，便是延續，具有先後的時間。人的生命，人物合一，更是由能到成，在時間內進行。

但是時間，實際上常是「過去」，「過去」已不存在；因爲生命就是繼續由能到成，不能停止。生命的繼續靠「記憶」，「記憶」把生命的活動留在人的心中，卽留在精神上，再由心用腦神經重視於人理智中，使生命的活動互相連接，成爲人的生活史。把生活史寫下來，就成爲歷史。

「我」的生命繼續發展，發展的外圍，有大有小，小是家庭，大是社會國家，更大到國際和自然界。「我」的生命不能是孤獨的，和宇宙萬物的生命相連，而且相依爲命。「我」的生命心物合一，然而以心爲主宰，心則是愛。朱熹曾說天地以造物爲心，人天地之心以爲心，故仁。聖若望宗徒更說天主是愛，人按天主肖像造的，人也當是愛，愛心，乃是「我」生命的主宰。

孟子曾說親親仁民愛物，儒家的大同思想，遍及宇宙萬物。天主教的愛遍及一切受造物，因爲都是天主所造。宇宙間的萬物爲生活，須要適合生活的環境，環境變到不能適合生存時，這種物體就會消失。生物史上已經有許多的物種絕跡，那時還沒有人爲的原因。現在人們在造成許多原因，使一些植物動物不能生存，間接也傷害人們自己的生命。仁民愛物的思想須要認眞實現。

「我」爲生存，首先須要有父母和家庭。家庭天倫之愛，爲人生命的成長要素，一個人人格的培養，父母都分有責任和成效。單身父或母教養子女，要盡雙份的努力。

夫婦相愛爲兩性的生命的成長，進而爲新生命的泉源，絕不容荒廢或濫費在婚姻生活以外。

父母子女的生命相連繫，中外傳統一致肯定，孟子曾以嬰孩生來就愛父母，這種愛爲人的良能，父母對子女的愛也是天生的良能。父母子女的愛爲天倫的愛，爲生命的自然發展。一個人不愛父母而愛旁人，愛不是正常的；同樣一個父親或母親，不愛子女而愛旁人，愛也是不正常，不是生命的自然發展，而是人造的僞。

「我」的生命，以心爲主宰，心爲精神體；心本然地傾於眞美善，因爲心自體是眞美善，但只是有限的眞美善，常求有所充實，許多時又徬徨於假冒的眞美善，反而作惡以傷害自己的生命。中國傳統哲學儒釋道三家同以天人合一作人生命的最高目標，作精神生命的歸宿；儒教主張天人合德，人以仁心贊助天地的化育；道家主張人與天地元氣相合，由元氣而歸於道，同天地而長久；佛家主張明心見性，性是心，心是眞如，眞如是佛，華嚴宗主張「一心眞如」，一心是佛又是萬物，互相圓融。

「我」的心的生命，爲精神生命，本性傾於絕對的精神，絕對精神是天主，天主爲絕對的眞美善。天主的眞美善在受造物中也顯靈出來，「我」也去追求，有時得到，有時迷失，有時受騙，心絕不能滿足。滿足的時候在身後。人身後的靈魂繼續存在，靈魂爲精神體，可以趨向天主。然而人的靈魂，究竟還是有限的，是相對的，絕對的眞美善天主正在超性界，超出「我」心靈的力量。於是天主遣聖子下凡，降生成人，以自己神性的生命予人，人被攝到超性界，乃能依傍絕對的眞美善，達到生命的目的，永恒不息。

上面所講，就是生命哲學的大綱。在這本書裏討論了本體的變，認識論，時間和記憶幾個重要問題。現在要研究我的生命哲學，請把三册書一併研究，前後不會矛盾，但能後者補充前者，後者說明前者，系統仍舊不斷也不變。這樣，就給大家增添痲煩，還請多加原諒。

民國八十三年正月六日天母牧廬

生命哲學再續編

目錄

三、古哲的思想

附　錄

一、生命的形上問題

一、生命哲學的形上問題

前　言

對於生命哲學，我雖然出版了訂定本和續編，但是對於形上學方面，有些問題，還須深入研究。因此，我特別寫了這一篇文章，把生命哲學的形上問題，簡單地、系統地加以說明，說明的內容，將來擬出專書，詳細研討。

一、創生力

形上學研究「有」，「有」是「在」，乃是實有。「在」不屬於抽象理論界，屬於實際界。實際的「在」是「行」，卽是常自動，卽是活，卽是生命。絕對的實有，天主，爲純粹的「行」，動而不變；然而化成「三位一體」。「三位一體」乃絕對的純粹生命，純淨無雜，晶瑩透明。

「純粹的行」以萬能的力創造了宇宙，宇宙爲一無限大的動力，分享天主的萬能創造力之能，稱爲創生力。創生力（宇宙）的質爲萬能創造力從無中所造，創生力的（宇宙）理，爲造物主天主創造宇宙的理念，質和理由創生力結成一個宇宙。

宇宙本身是力，卽是創生力，創生力含有正負兩力，兩力互相進退，造成創生力（宇宙）常繼續「行」。宇宙的「行」，造成變化，化生萬物，易經說「生生之謂易。」（繫辭傳上　第五章）

每一物由（宇宙）創生力之「行」，使宇宙的物質，按創生力生創造力稟受造物主造一物之理念，結合適於具體環境而存在的物體；宇宙的物體乃生生不息，呈現新的物種，表現進化的現象。這種現象，聖奧思定和聖多瑪斯稱爲「繼續的創造」。創造宇宙，在天主方面，創造的「行爲」超出時間；在宇宙方面，爲繼續變化，便在時間以內。宇宙繼續的變化不能脫離天主的創造力。每件物體的化生，等於一次創造；物體的質，是宇宙的物質，物體的理是天主創造這物體的「理念」，中國古代哲學稱爲「命」，卽是天命。經由創造力而賦與創生力以化生這物體。整個宇宙物體的化生，呈現一種進化的梯次，進化的基礎是環境的改變；「適者生存」爲進化的原則。新物體的物性之理則來自天主創造這物的理念。王船山曾說「命日降性日生」。每個人的靈魂（理，元形）直接來自天主，經由創造力而賦予創生力，由創生力而結合身體和靈魂。

中國古代哲學以性爲理，理卽天命。天命的性不僅是抽象的人性，而是實際這個人的性，卽是個性，宋朝理學家稱爲氣質之性。理和氣相結合，成就這個人的性，抽象的性由氣予以限制，因爲每個人的氣有清濁的不同。但是每個人所稟的氣爲什麼不同，學生們問朱熹，朱熹也不能答，這就是中國人常說的「命」，「命」卽天命。士林哲學以個性來自「元質」，「元質」限制「元形」，身體限制靈魂，造成每個人的才能和個性，個性所以都由量去計算。但是靈魂爲生命根基，若是個性來自身體，人去世後，靈魂脫離身體，失去限制，每個人的靈魂便都是一樣；再者，天使沒有身體，只有靈魂，靈魂若沒有限制，天使便都是一樣；這兩者都不可能，我們便應該說：天主造每人的靈魂，按自己的理念造，每個理念不同，所造的具體靈魂也不相同，靈魂和身體相結合，靈魂限制身體，有這樣的靈魂，乃有這樣的身體。中國古代哲學，例如張載和王船山，以陰陽五行按照天命結成一個人的個性。

二、生命實體

每個物體化成以後，自己獨立存在，成爲存在實體。存在實體爲一整個的實際物體。一個人存在，存在的主體就是這個人，就是這個「我」。「我」在，「我」是存在主體；但是我在，並不是說我是主體，存在是附體，在是我的存在，而是我就是在，在就是我；不在，就沒有我；我有，就是在。笛卡爾說我思則我在，不是說我思想所以我在，而是我思，我是思者，思者就是我，我當然在。我在，我是在者。

「我」是在，我是一個實體，實體是一個整體。士林哲學分析主體和附體，主體爲自立體，附體則附於主體。這一點在抽象理論上是可以講，在實際上則合而不可分。一張木桌子在理論上主體是桌子，附體則是木材、顏色、形狀；在實際上木材爲這張桌子的本體，顏色和形狀爲這張桌子的個性，這些都不能分開，假使分開，這張桌子便不成爲這張桌子。

我這個人，有靈魂有身體，靈魂有才能，身體有形狀，有大小，有顏色。這一切結合起來，結成「我」。若是把任何一部份分開，我就不是我了，不要說分開靈魂和身體，或是分開身體的肢體，卽是把我身體的大小或顏色分開，我也不是我。我乃是一個整體，不分主體和附體，在抽象理論上可以分，在實際上不能分。

實體的「一」，理由是以「在」爲根基。「在」是一。每個實體只能有一個在。若有兩個或多個在，便不是一個實體，而是兩個或多個實體。一個實體的主體和附體，都同於一個「在」，「在」把主體和附體結成一體。我是一個實體，我的靈魂和身體，身體的各部份以及顏色和形狀，都存於一個「在」，因著「在」而結合一個我。

「在」因「性」而定。每個物體的「在」，根據他的「性」。人的「在」，由人性而定。我的「在」，由我的個性而定。人性爲抽象理論的性，實際物體的性都是個性。性來自天命，爲造物主造物體的理念。

三、在爲生命

易經講宇宙的變易，爲「一陰一陽之謂道」，變化由陰陽變化而成。陰陽變化繼續不停，「一陰一陽之謂道，繼之者善也，成之者性也。」所成之性，爲一個變易之性，即是陰陽繼續變易之理。宇宙整個地常在變易，每個物體也常在變易；王船山因此說「命日降，性日生。」這種內在繼續的變易稱爲生命，「生生之謂易」。（繫辭上 第五章）中國古人看宇宙爲四季變化的宇宙，春生夏長秋收冬藏，循環不息。每個人，每隻禽獸，每株花草，常是繼續變易，常活著，宇宙和萬物都是生物。

天主是純粹的行，絕對的生命，以創造力創造了宇宙。宇宙爲一活力，稱爲創生力，創生力分享創造力的創造能，化生宇宙萬物。創生力在所化生的每件物體以內繼續變易，每件物體乃有內在的繼續動，乃有生命。生命的成和表現，在人內最完全，人的生命在宇宙內爲最高的生命，爲心物合一的生命，爲有靈性的生命。

每個物體的「在」，都是動的「在」，都是「行」，都是生命。生命是活動，生命的活動稱爲行。純粹的行，不由能而到行，僅是純粹的行，所以不能有變，不能有新的自成。天使的生命，由能到行，然而是純精神體，便沒有物質的變。人的生命爲心物合一的生命，即心物合一的「在」，人的生命之行，當然是由能到行，而且必有變化，因爲身體是物質，物質若有內動必有量變。

一個人卽是我，我是在，是生命。我的在既是生命，當然是行，而且有變。我在身體上從少到老常在變，我在心靈上也常有變。我是生命的實體，生命變卽是實體變，就是我變。我變，不是我的變，不只是我的身體變了，我的顏色變了，而是我自己變。

士林哲學接納亞里斯多德的思想，宇宙內的變或是本體變或是附體變，本體變爲生和滅，附體變爲量變和質變；每個人的變都是附體的變。

生命的變既是實體的變，實體爲一個整體，實體的每一變動，都是整個實體的變，實體就是生命。實體變是主體變呢？或是附體變呢？在抽象理論上說，可以說是附體的變。但是在實際上則是整體的變，整體是一，不能分。整體的一，來自「在」，「在」卽生命，來自生命。生命爲創生力。我活，我變；我變由於生命，生命通於我整體的每一部份，不分主體附體，每件變化都由生命，卽創生力所化生，每一件變化都是生命的變化，表現在我的各部份。我的變化，乃我生命的變化，卽我整體的變化。我整體既有變化，我爲什麼不變成另一個我，或者馬上就死滅呢？理由是，生命是一，我生命的性是一，生命按性而行，我生活常是天命的我生活，天命是一，我便常是我。不死而生，問題尙在。

我常是我，在時間上是因生命是「一」，我是「在」，「在」是「生命」，「在」爲「一」，「生命」爲「一」，「我」爲「一」。在空間上，我的心物各部份合爲一整體，也因著生命，生命結合我的各部份。生命不到的部份，便不屬於「我」。每個物體，都因內在的動力，即創生力，結合成一體，動物植物都因生命而成一體，礦物石塊也因內部動力，即創生力而結成一體。

「在」爲「行」，「行」爲天然內動，爲生命。生命在本身的意義，是內在的自動；天主生活，就是天主內在自動；而且是純粹的行，不由能到成，便沒有變。在宇宙以內，萬物都有物質性，物質性有內在自動必有變，因爲由能到成。宇宙萬物的生命都有變化，變化的程度則按物性而定。物有類，類有個體，類性和個性，都來自天命。礦物內在的動之生命，活動因物質性太重乃非常遲鈍，植物因物質性較輕，生命活動較速；動物因物質性又較輕，生命的活動較高，人則有靈性的靈魂，生命的活動乃神妙莫測。人去世以後的永生，則只有動，沒有變。

四、盡性

中國傳統哲學，從孔子以來，常講修身，發揮人性。大學爲儒家修身的指南，大學第一章開宗明義，「大學之道在明明德，在親民，在止於至善。」中庸爲儒家精神生活的要典，中庸第二十二章講至誠之人，能夠盡個性以盡人性，再盡物性，達到贊天地之化育，天人合德。

儒家不以人性在人出生時，就已經完全，就已固定，而只是在出生時，有了基本的人性，具有人之爲人的基本理由和能力，孟子說是具有仁義禮智之端，每個人一生要努力養心養性，發揮人性之善。荀子和朱熹都以爲求學，開始求做君子，最後求做聖人。王船山常講「繼善成性。」

人性或個性在實際上是一束能力，心靈上的能和身體上的能，孟子稱爲才。這束能力，應該隨著時間，實現爲成。「我」的生命就包含這一束能力，生命的活動卽是生活，生活就是在發揮這些能力。身體生活從小到大，天天成長，壯年以後則因物質力衰，漸漸退化。心靈生活從孩童到耄老，不斷進步，發揮各種能力。理智生活在西洋哲學裏代表人的生活，使人的智識逐漸增加，智識越高，人的身份也愈高。中國哲學以情意生活代表人的生活，使人的倫理道德日漸增高，以達到至善。

人的生命爲心物合一的生命，心靈則爲生命的根源，也爲人生活的主宰。心靈生命的活動必有應有的規律，以及應有的目標。心靈爲精神，精神活動的規律，就是倫理的規律，精神活動的目標，就是欣賞絕對的眞美善。因此，黑格爾曾以精神哲學使人歸回絕對的精神，精神哲學則是藝術，宗教和哲學，求美求善求眞。方東美教授也曾以超越境界的人爲藝術人倫理人和宗教人。求眞求美求善的生活。不是累積外來的智識和良好習慣，而是發揮自已的個性，成全自已的生命。求眞的智識和求美的印象，來自身外，以有得於心。求善修德，累成良好的習慣，習慣爲外來的形式，形式的內容則是生命的發揚。因此，求美求眞所得，都要融合於倫理規律裏，才能眞正發揚心靈生命。心靈生命的發揚，實際就是倫理的善德，「繼善成善」使「我」的個性逐漸成全。路加福音記載說耶穌十二歲時從耶路撒冷回到納匝肋家裏：「耶穌在智慧和身體上，並在天主和人間的恩愛上，漸漸地增長。」（路加福音第二章第五十二節）古代的神學家和聖經學家，認爲耶穌是人而天主，一出生就具有天主性的聖德和智慧，不能有增加，路加所說「增加」，是向外的表現。當代聖經學家和神學家則認爲耶穌是人而天主，具有眞正的人性，在人性方面，完全按照人生活的自然規律，智慧和善德逐漸累積，路加所說「增加」是眞正的增加，耶穌的人性也是逐漸成全。

五、意識

意識，是「我」對我的存在和行動，自己知道。精神體的知識，是一種明見，精神體本體透明，自己看自己是明見，看其他的精神體也是明見，明見則是直見，也是透視。人是心物合一體，心靈爲精神體，荀子說心是虛靈，身體則是物質體，本體不透明。人的生活都是心物合一的生活，心靈的活動要透過身體，身體的生活要依賴心靈；因此，對於知識，人沒有明見，必須透過身體的神經和感官。

笛卡爾曾主張我思則我存，我對於我的存在，是一種直覺，不能證明，也不要證明。

「我」對於自己的存在，我活，我是活者，活者就是我。我對自己存在的意識是一種直覺，是一切知識的基礎。

生理生活爲我的第一類生活，是身體發育的生活，身體發育爲我生命的一部份，完全使用身體的器官。爲知道或意識到這種生活，我須使用感官，感官卻不能自己反觀自己，或反觀自身，因此對於生理生活不能有意識。

感覺生活也是身體的物質生活，然而感覺爲成感覺知識，必須經過心靈知識，心靈能夠反觀自己，對於感覺乃有意識。

心靈生活，爲精神性生活，然爲活動須藉用物質性的神經。我對於心靈生活不能有明見，只能有意識，知道是我自己的活動，再加以反省，便可以知道活動的內容。

我活，我意識我的存在，意識我的活動，是精神生命自己看自己。我活，因爲是心物合一的生命，心靈看自己須透過身體，便只有直覺，和反省。

精神生命的意識，還有一種永恆的意識。精神生命的發揚，趨向求眞求美求善。眞美善是無限的，精神生命的追求也就無限，精神生命的發揚也就無限。人世沒有可能滿足這種追求，人心乃有不滿足的遺憾。正義爲精神生命的規律，在人世卻非常缺乏正義，善惡的報應常使人失望，使人迷惘。因著人心的無限追求、對正義的完全實現，人的生命使人有一種永恆的意識，以完成生命的追求。

生命又有相連的意識，宇宙生命結成一體，萬物互相聯繫。聯繫不是「存在」的連繫，生命的實體各自爲獨立體，對於生命發展的需要則互相聯繫，在生命本體說，生命爲創生力；宇宙創生力爲一，每一物體的創生力也是一，物體的創生力要和宇宙創生力相連，進而與造物主的創造力相連，創生力才能活動，才是天主的繼續創造。

「我」的生命分享天主創造力的化生和創造能，「我」的生活因而具有創造性，具有化生的能。「我」的生命可以化生另一個「我」，可以創造別的物體，藝術品、學術品，種種事業。

「我」的生命，橫則聯繫整個宇宙，直則伸入永恆。

二、存在的行、動、變

一、存 在

在生命哲學的形上問題那篇文章裡，講到存在卽是生命，生命是活的，存在便常在變。存在的實體爲一整體，整體變便產生形上問題，「我整體既有變化，我爲什麼不變成另一個我，或者馬上就死滅呢？理由是，生命是一，我生命的性是一，生命按性而行，我生活常是天命的我生活，天命是一，我便常是我。不死而生，問題尙在。」

我現在就試圖把這個整體變，不死而生的問題，作個解釋。

存在的名詞在拉丁文裡，可以有三種用法：一種是動詞（Existere），例如說「他在，ille existit」；一種是形容詞兼名詞（Existens），例如他說「他是在 ille est existens」；一種是名詞（Ens），卽存在者。哲學上的「存在」，包含這三種意義，不加劃分。

存在的觀念，在我心靈裡爲一個實際的意向性存有，不是虛空的觀念。這個意向性的實有，和外在實體的形式不相同，外面實體的存在，是整體常動的存在，在我心靈裡的意向性存在，則是靜態性和單獨性的存在，祇是存在，不含複雜性，也不含動。

生命哲學就外面實體講存在，存在爲整體，爲動。因此便有存在的動和變的問題。西洋存在論講存有，是講「我」，講人的實際存在。這種存在是個整體，又是一個實際的單體。存在論講「存有」，以「存有」——「我」的特性爲焦慮，爲虛無；焦慮表現「存有」——「我」對上帝的關係，虛無劃分「我」的「人世之有」和宇宙人世的隔離。這都是從存在的關係方面去講「存在」的性質。中國熊十力的新唯識論，以「存有」爲「活生生的實存而有」，「所謂的『生活世界』的生活」一詞，更不只是一般所謂的生活而已，活者，健動不息，生者，源泉滾滾。……生活世界指者是那有本有源、通極於道體，流行充周於上下四方，往古今來而成者。……換言之，人之作爲一個存活者，（實存者），他之爲存活（實存）是以其當下的生活感知，即此生活感知而上遂於道也。故此感知經驗非一般認識之經驗，而是一上遂於道的本體經驗，就此「活生生的實存」而說的任何一個「有」（存有），我們說其爲「活生生的實存而有。」❶以與道的本體相連的經驗作爲生活，以有這種生活的存有爲實存，與熊十力由本體所講生命有些不同，因爲以與道的本體相連的經驗，乃是佛教禪觀和眞如融會的思想。熊十力的存有，可以說有三態：「一是『存有的根源』，這是就其歸本於寂的『寂然不動』之體而說的，它具有無限可能性；二是『無執著性，未對象化他的存有。』這是就其本體自如其如的開顯其自己而說的，它是一『感而遂通』所成的世界；三是『執著性，對象化的存有』，這是經由人心靈意識之執取作用所成的世界。」❷這都是套用佛教的思想。

生命哲學所講的「存在」，即是外界的實際存在，也就是每個物體。每個物體具有內在的動，稱爲生命。「存在」便有變動的問題。

爲解釋這個問題，我先解釋這三個名詞：行、動、變。

行，是實體自性的行（Actus），是不由潛能而行的行，是純粹的行（Actus purus）。動，是由潛能而到成的行，稱爲動。變，是有物質性的實體的動，物質性實體具有物質，物質動時則起變化，物質性實體動時必生變化，稱爲變。

二、行

實體只有行，而且行是純粹之行，則是絕對的實體，乃是上帝天主。

天生本體是活，本體是生命。

聖多瑪斯分「行」爲兩種：第一行，第二行。第一行爲本體，第二行爲動作。天主的本體是行，天主的動作是天主的本體。❸

聖多瑪斯肯定天主是最大的行又是純淨成全之行，（cum Deus sit maxime in actu

ac simpliciter perfectus ……」）。❹

因此天主絕對不變。「天主既然是第一存有，絕對單純，本性無限，便是根本不變的」。（Deus cum sit primumens, omnino simplex, et per essentiam infinitus, est simpliciter immutabilis）。❺

天主絕對沒有潛能，也沒有附體，天主的動作就是祂的本體。天主既是活，必然有行動，天主的行動是本體行動，是「存在」的行，而不是附加體的動。天主存在的行，不是由潛能到成，而是純粹單純的行。對於這種行，我們沒有觀念，不能想像，祇能由理智去推想，可以懂得。

聖多瑪斯說生命是自動，是向發展自己的自己的自動，他又說生命名詞本來指著本體和存有，即是適合自動本性的本體和存有，有時也可以指生命活動。（Vitae nomen substantiam et esse illius naturae cui convenit se movere, proprixe signifiect; nonnunquam vero minus proprie vitalem oper ationem.）❻天主是活，本體是生命，不能停滯靜止，而是行。天主的存在就是行。

三、動

動，是由潛能而到成的動，但是沒有變，因為本體為精神體。這種精神體是天使。

聖多瑪斯肯定天使是精神體，不由元質構成，不會朽壞。他說：「那些肯定天使由元形元質構成的人，他們錯了。」(Errant qui angelos ex materia et forma compositos esse affirmant.) ❼

聖多瑪斯以生命以理智認識而表現，他肯定天主有理智認識，天主所以有生命；同樣他肯定天使有理智認識。對於天使的理智意識，他問天使的理智認識是不是天使的本體，天主的理智認識是天主本體，其他任何受造物的動作都不能是他的本體，天使的理智認識不能是他們的本體。(Cum solus Deus actus purus existens, sit suum intelligere, nulla cujusve creaturae actio est idem quod substantia ejus; neceitiam ipsum intelligere angelorum idem est substantia ipsorum.) ❽

理智認識是一種動作，不是本體。天使的本體為精神體，為天主所造，所以是相對實體，是由潛能而到成。在未受造以前，天使不存在，受造以後是整體的存在。天使的存在為生活的存在，不是靜止不動的存在。生命為整體的生命，存在是就整體的存在。天使生活，天使的存在便是動，而且是由潛能到成的動。但是天使沒有物質，不是由元形元質構成，天使存在的動便不帶有變。不過理智認識的動作所得知識，意志情感動作所有的愛，是不是變呢？我們人是心物合一體，理智認識有觀念，情感的愛有印象，這些在人心內都引起變化，因為觀念或增多減少，情感印象或濃厚清淡。天使為精神體，他們的理智和情感的動作都是直接的動作，沒有觀念和印象，因此不會引起變化，但是繼續的動。

聖多瑪斯對於天使的理智認識，主張天使認識自己因著自己的本體，認識物質體則因著在物質體內所有的「理」，這種先天的理乃分享天主造物的理念。(Cum angelus sit intelligiblis subsistens, seipsum per substanti am intelligit.)[9] (angelicum superiores rebus materialibus et corporalibus sint, materialia omnia cognoscunt per speciesintelligibiles existentes in eis, inquamtum in illis sunt intelligib-iliter.)[10] 天使沒有感官，不能直接和物質體接觸，祇能在自己本體內的先天理念去認識。對於人世的事件，不能直接知道，祇能在天主的主宰萬物的理念內去認識。天使的認識和情感都是動作，不帶變化。

天使的本體是生命，他們的存在就是生命，生命就是動。天使的動由潛能到成，天使的存在整體是由能到成的動，這種本體的動卻不是生滅，究竟怎麼解釋呢？

生命常是由能到成，每個嬰孩都是由能夠生而生，在生以前不存在。嬰孩的存在，在母胎受孕時，就開始存在。嬰孩的開始存在之能，是在父母的體內，父母則已經是存在者，是「成」。嬰孩開始存在之能，是在「成」內。由「成」之潛能，即父母生育之能，而到「成」，即是受孕。

天使存在的開始，當然不是這樣，乃由天主所造。天使蒙天主創造以後，永久生活。他們的存在是生命，是行動。天使被創造卽是「成」，「成」內有生存之能，由能而到「成」，「成」內又同樣有生存之能，再由能而到「成」。這樣繼續行動，繼續生活，繼續存在。發起行動是創生力，天使的創生力來自天主的創造力，創生力常和創造力相連結；創生力繼續發動天使存在的行動。天使的本體爲精神，沒有毀滅的原因，常能存在，存在的行動乃永恆繼續，永恆的行動，不是生滅相繼續，而常是到「成」，卽常是「生」，常是生的繼續。

若是質疑，存在怎麼能夠是行動？在理論上，「存在」的觀念卽是「在」，不包含行動；在實際上，則是「行動」。實際的行動，不消失「在」，因爲創生力是「一」。

四、變

宇宙萬物是物質物，人則是心物合一體，物質物的行動，常動物體的物質，凡動物質的動，必產生變。

聖多瑪斯對於宇宙萬物是否有生命，曾表示意見。他說「因此，本意稱活爲生者，乃是按著某種行動，使自己行動的實體。行動或者指不完全的行動，卽指可以存在的潛能，或者指完全的行爲，如同理智認識、感覺。這樣凡自己行動或動作者都是生物。凡不是能自己行動或動作者，不能稱成生物，祇能說相似生物。」(Ex quo patet quod illa proprie sunt viventia, quae seipsa secundum aliquam speciem motus movevt; sive accipiatur, motus proprie sicut dicitur actus imperfecti, id est existentia in potentia, sive actus accipiatur communiter; prout intelligere et sentire dicuntur moveri; ut dicitur; et sic viventia dicantur quaecum-que se agunt ad motum, vel operationem aliquam. Ea vero in quorum natura non est ut se agunt ad aliquem motum, vel operationem, viventia dici non possunt, nisi per aliquam simlititudinem.)[20]

聖多瑪斯主張能自動者卽是生物，具有生命。生命的意義是在有感覺的活動，生命的高尙意義，是理智認識動作。但是凡能自有行動者，無論行動是那一種，都稱爲生物，他所講的生命，是普通一般人和自然科學當然的意見，大家都認爲礦物爲無生物，因爲不能自動。現在物理學則主張凡是物質物件，體內都有自動，而且以自動的量代表物體的特性。我講生命哲學主張創生力在每個物質內不停行動，每個物體都是生物，具有生命，和聖多瑪斯的基本思想相符合。

宇宙萬物和人的存在，本性是動，從不停止。動的發動原因爲創生力。物體動常爲物質性的動，人的動雖然是心物合一的動，也有物質的動。物質的動帶著物質的變，因爲物質動一定有變，最低最小也有地位的變，因此，人和萬物的存在，在動時常有變化。實際上植物動物和人的存在常常在變，顯出生命的存在，生命的動作。這種變化，是整個物體的變化，但就理論上的分析則是附體的變。附體和本體結成一個整體，附體的變也是整體的變，就是存在的變，就是生命的變。

生命本體的行動，人和宇宙萬物都是由能而到成，和天使存在的行動一樣。不過，天使本體爲精神體沒有變，不會壞，所以繼續行動而不死滅，常是生。

人和萬物的生命本體行動，帶動物質的變化，變化而有消耗，到了物體消耗已經不具生命力，即不合於創生力去發動，行動就停止，物體就死滅。例如人生命的行動，帶動身體的變化，身體物質時常消耗，到身體因消耗而不再能動時，即不符合創生力發動，生命行動停止，人就死亡。

人活時，存在常在行動。存在而又行動，是從成而到成。譬如電影或電視劇，在放映時是一個行動的存在，是活的，電影或電視劇的本體，是一張張的底片拷貝，每張底片是「成」，有可以動的潛能，電氣發動底片的潛能，底片行動而結成活的劇，因著電力的動而成爲一劇，成爲一種動的存在。

「我」的存在爲一個生命，時時行動，從「能」到「成」，「成」中有「能」，再由「能」到「成」，繼續不停，每次的成，好似電視的一張張底片，結成活的劇，「我」乃生存。到了「我」的身體消耗到（因病消耗）不能再行動時，即已經沒有生命潛能，不能再行動到成，則變而死滅。中國古代哲學，常以宇宙變化，化生萬物是在宇宙萬內有「大化」的週流，大化爲變化的原動力。

普通的生物都有這樣的行動，先常是生，最後則歸於滅。礦物的存在行動很低微，很少有內在變化；但若因本體消耗或外在動力加以摧毀而不能再行動時，實體就風化散開，實體不再存在。

每個實體的存在，都是行動，行動有高低，生命也就有高低。絕對實體的行動，不由能而到成，爲純粹的行動，生命最成全，生命最高。天使精神體的存在，由能到成，但沒有變化，祇有行動，生命長久，生命算是高。人的存在，爲心物合一的存在，由能到成，有物質身體的變化，物質消耗使生能已盡時，便不再行動，人就死亡，靈魂卻開始天使一般的生命。物質物的存在有動有變，也有毀滅，生命雖是一，就是造物主的生命，受造物所分享的生命，則分級不同。

聖多瑪斯對於天主是否在萬物以內，答覆是肯定的，因爲天主的存有卽是祂的本性，(Deus cum sit ipsum esse per essentiam, est intime in omni-bus rebus.)⑬聖多瑪斯解釋說，天主在萬物內，不是部份本性在全體內，也不是附體在本體內，而是作者因發動力在萬物內。因爲發動和發動者，常一同存在。天主的存在是祂的本性，發動也就是祂的本體；一切物體由天主的動力而受造，因天主的動力而存在，天主便和物體的存在相連，深深地在物體以內。物體因天主的動力，卽創造力而存在，便是因天主的存在而存在，分享天主的存在。天主存在是生命，萬物就也分享了天主的生命。

天主的創造力創造創生力，創生力就是物體的動力，也就是物體的生命。物體內幾時有創生力就有生命，就存在，一旦失了創生力，生命就停止，物體就不存在。一個人整體內有創生力，能動，就有生命，就存在；一旦失去創生力，完全不動，生命停止了，人就不在了，就死了。

在人和萬物裡有兩種動：一種是附件的變，例如身體的變化，心靈裡理智知識的變化。這些變化由本體之動而發生，發生在附體部份，然都屬於整個的實體，也就屬於物體的存在。普通所講的變化，都是這些量變和質變，形上學方面沒有問題。另外一種動是本體的行動，是存在基本的行動，卽是生命，在形上學乃產生難題，本體的變祇有生滅，既已存在的本體若有變化，則是死滅，怎麼是生生呢？對於這個難題，我在解釋天使存在的行動時，就加以說明了。從首先的「成」之潛能，到第二個「成」；從第二個「成」之潛能到第三個「成」；從第三個「成」到第四個「成」，一直繼續不停，從行動起點之「成」，到行動終點之「成」，常是由「成」到「成」，「成」是存在，是生命；所以是由存在到存在，由生命到生命；所以是生生。行動的力是創生力，動力和動力者爲一，創生力便是存在，便是生命，行動到了最末的「成」，「成」內沒有生命的潛能，行動停止，物體死滅。

我不敢說這種解釋，完全說明了形上學的困難，更不敢保證能爲大家所接受，我當然會繼續研究。

註釋：

❶ 林安梧。存在、意識與實踐。頁十八，東大圖書公司。

❷ 同上，頁二十。

❸ S. Thomas, Summa Theologica, I. 9. XIV. 9. 4

❹ 同上，I. 9. XVIII. a. 3.

❺ 同上，I. 9. XXV. a. 1. c.

❻ 同上，I. 9. IX. a. 1. c.

❼ 同上，I. 9. XVIII. a. 2. c.

❽ 同上，I. 9. L. a. 2. c.

❾ 同上，I. 9. LVI. a. 1. c.

❿ 同上，I. 9. LVI. a 1. c.

⓫ 同上，I. 9. LVII. a. 1. c.

⓬ 同上，I. 9. XVIII. a.

⓭ 同上，I. 9. VIII. a. 1. c.

三、生命哲學中單體的成因

生命哲學是一種形上的生命哲學，從本體論研究生命，不是從自然哲學或倫理學去研究。西洋形上學的研究對象爲「有」；「有」在亞里斯多德和聖多瑪斯的思想裏，和「在」不相分離。所謂「有」是一實在的「有」；但是西洋形上學後來把「有」和「在」分開，「有」成了一個最普遍的觀念，觀念的解釋，先從定義下手，解釋這個觀念的意義。例如「人」這個觀念，便下一個定義說：人是有理性的動物。定義是從物的性質去說明，對於「有」便也從性質方面去講，因爲「有」的性質非常空洞，所以沒有辦法可以講。中國儒家形上學從易經開始，以萬物或萬有爲「生」，「生」是動，萬有便都是動，易經乃研究「動」，易經的易就是動。萬有是動，是從「在」去研究，每個「有」都是「在」，每個「在」都是「動」，每個「動」都是「生命」，每個「有」都是「生命」。「生命」乃是儒家形上學的研究對象。

實體「生命」的「在」是實際的「在」，實際的「在」爲一單體，生命哲學的研究對象乃是單體。

對於單體，作哲學的研究，不是去描寫單體，而是對於單體的本體成因和性質作研究，研究的結論可以應用於一切單體。這就是對於「在」作研究，「在」是「動」，生命哲學特別研究「動」；「動」有「變」，「變」而生萬物，萬物爲單體，生命哲學又特別研究單體的成因。

中西哲學對於單體的成因，早已研究過，士林哲學以「元質」爲單體的成因，朱熹以氣爲單體的成因。

一、朱熹的理一而殊

儒家的形上學由易經開始，要到宋朝理學才能成章，朱熹則是集儒家形上學的大成，他創理氣併立說。萬物由理氣而成，理是物類的成因，氣是單體的成因。他標出他的主張爲「理一而殊」，「理一而殊」的來源，出自程頤，程頤答楊時對西銘評論說：

西銘明理一而分殊，墨氏則二本而無分。分殊之弊，私勝而失仁；無分之罪，兼愛而無義。分立而推理一，以止私勝之流，仁之方也；無別而迷兼愛，至於無父之極，義之賊也。子比而同之，過矣，且謂立體而不及用。（伊川文

集卷五答楊時西銘書）

朱熹對「理一分殊」，在紹興二十六年春，一天夜間不能睡，忽想到子夏之門人小子章的灑掃進退小事，覺悟到事有大小，理卻沒有小大，萬物都各有一理之全。紹興二十八年他拜李侗爲師，李侗以存養，到致知，到應事三階段，教他靜坐澄心，體貼人心的天理，以實踐去行「應事灑落」。天理是一，應事是殊。紹興三十年李侗和朱熹就「仁」上對「理一分殊」，結論到『體用兼舉』，隨事以觀理，卽理以應事。在李侗去世以後，朱熹和當時各派學者接觸，他決心反佛反老，對李侗的靜坐懷疑，由湖南湘學張南軒等朋友，使由主靜走向主敬。乾道六年朱熹完成了『太極圖說解』，確立了他的理學體系的三條原則：一、無極太極同一；二、理氣相卽不相離；三、理一分殊，同時地和張南軒、呂祖謙互相討論，最後，朱熹完成了他的思想，「理一分殊具有了四重內在的邏輯層次關係：從道與理的層次關係，看理一分殊首先規定了本體之道（太極之理）與萬物之理的統一關係，卽普遍道與特殊之理的關係，理一分殊也就是道一理殊；從理與氣，道與器的關係層次看，理一分殊也就是道一理殊；從理與氣，道與器的關係層次看，理一分殊又是規定了本體之理與萬物之氣的關係統一系統，理一分殊也就是理一氣殊；從理與事，理與物的關係層次看，理一分殊又是規定了本體之理與萬事萬物的統一關係，理一分殊也就是理一事殊；從體與用，顯與微的關係層次看，理一分殊又規定了一理之體與萬殊之用的統一關係，理一分殊也就是體一用殊。但這一龐大的客觀主義理學體系的邏輯架構卻是在「太極圖說解」和「西銘解」中已奠定了的。……但依舊可以以這兩本書爲標志把乾道九年看成是他的太極理本體論及其理一分殊哲學原則正式確立之年。」❶

這四層體系：「道一理殊」，「理一氣殊」，「理一事殊」，「體一用殊」，前兩層爲形上本體論層次，後兩層爲形下自然科學層次，我們所要討論的，是形上本體論的理一分殊。問題的焦點在於是理限制氣？氣限制理？朱熹的門生曾經以這個問題問朱熹老師，朱熹答說是氣限制理，所以有單體的氣質之性。門生又問氣本身爲什麼分殊，氣是否受理的限制，朱熹說，這很難說，要門生們自己去體驗。

朱熹的思想，可以在下面分析地說明：

甲、太極，朱熹在「太極圖解」以太極等於無極，無極就是太極。這是爲解釋周敦頤的思想。周敦頤以太極爲宇宙萬物的根由，太極爲一實體；但是他沒有說明太極的性質，後來張載就說爲太和或太虛之氣，即是氣之本體。

朱熹自己主張太極爲「理之極至」，即是一個完全之理。他不主張太極在宇宙以前，爲宇宙萬物的根由；因爲他堅決主張理氣相即，有理必有氣，有氣必有理，不能有無氣之理，不能有無理之氣；所以太極不是宇宙以前之理，而且也不能有一個宇宙以前的實理。朱熹也說理和氣沒有先後的可言，祇在理論抽象方面說，可以說理在氣先，這種先後是理論的抽象的先後，不是實際的先後。所以說：「宇宙之究竟本根爲一太極，而物物皆禀受此究竟本根以生，故物物各有一太極。」❷此種說法不清楚，既然承認有理必有氣，便不可以說太極爲宇宙萬物的本根。若說「南宋朱熹是理學的集大成者。在太極說上，他從根本路線上繼承了周敦頤、邵雍的思想……他站在理一元論基礎上，把太極解爲理。」❸認爲朱熹主張太極爲萬物之根，理生氣，太極之理爲一實體。這種解釋是錯解了朱熹的思想。

朱熹主張太極爲理之極至，爲一完全之理，太極之理卽天地之理，故說天地有一太極。同時天地也有天地之氣，萬物得天地之理和大地之氣以生；故說萬物各有一太極，卽各有各物的完全之理，所以太極之理不是一實際之理，獨立在宇宙萬物以前，朱熹對於太極並不繼承周邵的思想。

天地之間，理一而殊。天地只有一理，卽天地自己的理，這理是完全的，也包含宇宙萬物的理。萬物分有天地之理，他生各種物體。找着各種物體的理，各種物體分有天地之氣，乃成爲各種物體；例如人、牛、馬、樹、鳥、魚……等等。天地間理一而殊，天地之理一，各種物體的理殊。這種分殊是物類的分殊。朱熹說人得理之全，物得理之偏。人得天地全部的理，物得天地的部分之理。天地之理分於物體之中，構成物的種類，理一而殊的關係，是理限制氣；人有人之理，乃有合於人之理的氣；犬有犬之理，乃有合於犬之理的氣。物體種類之理，來自天地之理，物體種類之理互不相同，這種差別由何而來？中庸說「天命之謂性」，性卽物種之理，物種之理的差別，卽是限制，來自天命。

乙、天地間的萬物都是實際的單體，例如人，是每一個單體的人，單體的人彼此有差別，這種差別由何而來？這就是單體的成因。朱熹說單體的成因是氣，因爲氣有清濁，每個人所稟天地之氣有清濁不同，每個人乃有「氣質之性」。「氣質之性」因氣的清濁不同，每個人所以互有差別。朱熹以「氣質之性」解釋人性的善惡；實際上則並沒有解決性的善惡難題。現在單就理一而殊去講，朱熹以單體的成因，在於氣的清濁限制了理，人的理是同類的一理，因每人的氣之清濁有差別，每個人乃互有差別。

朱熹的解釋有三點疑難：第一、氣在單體有差別，在類別的物種也有差別，人之氣清於犬之氣。爲什麼種的差別是理限制氣，單體的差別是氣限制理？朱熹可以說因爲種的差別是性理的差別，在理論上理先於氣，所以理限制了氣。單體的差別，是實際上的差別，實際上的一切來自氣，所以單體的差別由氣限制理而來。

第二、性是理，氣是形，單體之性稱爲氣質之性，是氣滲入了理。這一點從理學家講性來說，有些不對，昔是物種之理，在理論上說先於氣；單體的理，在理論上說更是先於氣，因爲在理論上說應該先有人之理，然後才有這個人的氣，因此氣限制理的理論並不能成立。

第三、單體的氣有差別，這種差別由何而來？物種之理的差別來自天命，單體的氣的差別是否也要說來自天命？如果來自天命，則應該說『天命之謂性』，卽是單體的個性，卽單體個性之理由天所定，天所定個性之理限制了氣，才有實際的單體。

這樣單體的成因，是天所定個性之理，卽中國傳統文化中所謂的「命」，由個性限制氣，單體的氣也互有差別。但單體的差別還是「理一而殊」，類之理爲一，單體之理爲殊，而不是朱熹的類之理爲一，單體的殊爲氣，那就變爲理一氣殊了。

王船山曾經說：『命日降而性日生』，性因天命而成，物體因性而成。單體的限制是在於情命之理。

理一而殊之理爲生生之理，卽生命之理。生命之理在理論方面說是一、在實際上則分殊；因爲生命有高低的程度，程度的實體成因爲氣的淸濁，氣的淸濁是由單體的理予以限制。因此，理一而殊是抽象之理爲一、實際之理爲殊。朱熹對於人性未來也說抽象的人性，卽未然之性爲一，單體的性，卽氣質之性爲殊。但是他以氣質是性的限制，來自氣，門生問他：氣怎麼受限制呢？他便無法作答了。

二、士林哲學的量印元質 Materia Signata

關於單體成因問題，曾仰如神父教授在所著「十大哲學問題之探微」一書中，作了詳細的討論。❹很可以供大家參考。

希臘哲學家柏拉圖主張觀念世界獨立存在，觀念爲元形(Forma)，每個元形觀念祇有一個，獨立在觀念世界裏。觀念世界的觀念由宇宙世界的物體所分享，分享一個觀念的物體爲同種類的物體，具有同一元形的觀念，但由物體的身體不同，分享元形觀念的程度不同，乃造成一種類中的單體。

亞里斯多德改正柏拉圖的主張，創造了元形 Forma，元質 Materia，主張萬物的物性由元形元質而成。元形本體不受限制，而因和元質結成單物體的性，乃有限制而變成多。單體性的成因是元質。不含元質的單體，卽精神體，單體的成因是元形的單純性(Simplicitas)。

中世紀亞拉伯哲學家亞維采納 Avicenna (980-1037) 接納亞里斯多德的主張，且加以說明，認爲元質所以成爲單體性成因，是因爲元質已經有量的印鑑或標明，成爲量印的元質(Materia Signata)。他認爲元形和元質構成物性，物性是種類的，不是個別的。個別的成因不能來自物性本體，而必來自附體，量是附體，元質附上量的限制，物性乃成爲單體性。

亞多瑪斯採納了亞里斯多德和亞維采納的主張，以元質爲單體性的成因。他說：「元形成爲單體的，乃因看元質，藉之，元形才成爲這特殊的元形。」(Individuatio Formae ert ex materia, per auam Forma contachitur ad deteruninatum) 中世紀的哲學家繼續討論這個問題，培根 (Roger Baron) 主張單體成因不能在物體內尋到，只能歸源於造物主，因爲在已成的共相上，宇宙內沒有任何力量或物體可以加上個別性而使成單體。

士林哲學的方濟會學派，另有主張，聖文都拉（S. Bonaventura 1229-1274）否定元質是單體的成因，因爲元質在各物體中是共同的，不能帶有分別，只是元形和元質結成物性，物性和存在結合爲一實際的具體物體，在一定的空間和時間內，乃成一個別單體。從這方面說，才可以說單體由元質而來。他說：「但是你若追問到底最重要的因由從何而來？便該當說單體是這個物體。若這種事實最重要的因由來自元質，因着元質，元形有自己的位置在空間以內。一個物體來自元形，這一個物體來自元質。」（Si tamem quaeras a quo veniat principaliter, dicendum ert quod indiuiduum ert hoc aliquid, Quod sit hoc principalius habet a materia, ratione cujus Forma habet positionem in loco et tempore, quod sit aliquid a forma）。[5]

思高圖（Duns Scotus. 1266-1308）主張單個性的因由應該是實際的物（Entitas positwo），應該在單體的物性內，不能是附體。一個種的物體成爲多類物體，類性的因由實是際物，加在種性上，構成類性，例如人是動物的一類，人的類性因由爲「理性」，人是理性動物。同樣單體性因由也應該是實際，由這實際的因由，和類性相接合，乃有一單體性。（Haecceiras），但是他沒有進一步去解釋，究竟有何種結合的程序。

士林哲學聖多瑪斯學派的學者，在註解聖多瑪斯著作時，對單體性成因也各作了註解。

問題的焦點都在「量印元質」(Materia Signata)上。費拉連(Franciscus Fernarienses 1474-1528)解釋「量印元質」是實際上已受限定而有時空限度的元質。嘉耶當(Thomas Cajetanus 1469-1534)解釋「量印元質」為處於能在此分量勝於彼比量之限定狀態中的元質。若望多瑪斯(Johannes de S. Thomas.)解釋「量印元質」為元質對於分量的傾向,元質自己傾向元形又傾向於分量,元質和元形結合成一實際物體時,元質對分量的傾向乃實現於有限定的時空內,因而限定了元形。

對於士林哲學的這派主張,根本問題是在元質上,元質(Materia Prima)沒有任何的限定,也不能有任何的限定,怎麼能夠在和元形結合以前有量的印鑑,即是有量的限制?雖然元質自己是有量的,這種量是不定的,只是一種本性。在和元形結合成一單體時,元形怎麼能夠得到特別的量,而限制元形?

量,為一物性,為一附件;單體性則不是附體性,乃是這個物體的成因;物體的成因,不能由附體構成。雖然一個人和另一個人的分別,普通常是用量去表達,例如身體的形態,智慧的高低,情感的強弱,天才的多少。但是這些在外面的表達並不構成每個人的單體性在外面的表現,可以說是「用」,它有它的「體」。

即使說元質自身有量,量是不定的,在和元形結合時不能限制元形。若說在「性」和「在」相結合以構成實際的單體物時,元質的量已成為限定的量,可以限制元形;但是在「性」

和「在」結合時，元質和元形已先結合，最少在理論上說，元質後來的量的限定，怎麼去限制元形呢？

元形是主動的，元質是被動的，元形限制元質，不是元質限制元形。

再者，聖多瑪斯主張不帶元質的實體，即精神實體，只有元形，不能有類中的單體，元形的類性，精神體只有類沒有單體，也就是說類就是單體，單體就是類。所以天使只有類，每一個天使就是一類。這種講法，從我們人的想法去想，想不通，我們很難想無數的天使是無數的類，至少天使都是有限的精神體。天使精神體的元形是有限的，不是無限的，天使精神體的限制由何而來？每個天使雖說是一類，但這一類是一實際體，不是抽象的性，實際體常是一個；就是天主也是一個。天主是因祂的「有」而爲一個天主，因爲天主的「有」是絕對的，絕對的性只有一個，天主乃是一個，天主因自己而爲一個。天使的「有」是有限的，天使「有」的限制來自何因？天使「有」的限制，應來自天使的性，天使的性爲有限的精神體之性，「性」在「在」相結合，成一個天使。天使的「在」，爲有限的「在」，和「性」相符合。

方濟會派哲學家的主張，含有頗好的理由，但是沒有詳細的說明，沒有系統的陳述。他們主張單體性的因由應是實際體，應當進入單體物的物性內。這種主張更有道理。

三、生命哲學的單體性成因

(1) 單體成因的問題，第一是一和多的問題。在生命哲學續編第二章一的根基，討論實體的一，來自「在」，「在」是創生力，力使實體各份子合而爲一，又維持這個結合的一。這個一的根基是從實際的實體去講，不是從理論方面去講，從理論方面去講，則要討論實體的一，是因爲物性，還是因爲「在」？士林哲學就是從這方面講：多瑪斯學派從物性，方濟會哲派從存在去研究單體性來源。

實體由「性」和「在」而成，「性」由元形或由元形和元質相結合而成。「性」在哲學上代表種類，有共同性是共相，所以說「性」不能是單體性的因由。這一點可以說是西方哲學的共識。但是我們加以深入研究，實際情形並不是這樣。「性」，爲一種一類的性，乃是一共相觀念，在人心靈上有一種「意向的實有」(Intential reality) 然而不是實體的存有，只是在柏拉圖的觀念世界裏才視爲實體的存有。這種意向的實有之性，由理智從感覺印象內抽出，爲一種抽象性的觀念。抽象性的觀念，只能在理論上可以講，在實際的實體中並不實際存在。例如人性。共相的人性只存在人腦中，在客體的人中有確實的根據，每個人都有人性。但每個人的人性，除共相的人性外，還有每個人的個性，即是說每個人的人性，是實際的單體人性。

單體人性怎麼成的？每個人都是天主造的，每個人的靈魂直接來自天主，靈魂是人的元形，人的元形直接來自天主。天主造每個人的靈魂，即每個人的元形，不是造一個抽象共相的靈魂，而是造這個人的實際具體的靈魂，是一個有限定的靈魂，即是一個已有限定的元形，不是抽象的共相元形。這個元形和元質相結合成這個人的具體人性，即這個人的個性。個性不是由於元質限定了元形，而是已經由造物主限定的元形，而限定元質，若說元形不能限制元質，元形是「行」(actu)，元質是「能」(aotentia)，「行」在自己的本性是全的，「行」的限制來自「能」。這種理論並不完全正確，因爲精神體的性，例如天使的性，並不是無限制的，否則天使成爲絕對體了！天使的性的限制不來自元質，因爲天使沒有元質，天使性的限制來自造物主，造物主造天使的性是造一個實際有限的性。因此每個人的元形，不能是一個沒有限制的性。若說人性的限制，是類的限制，類的限制怎麼來？應該說是天主所造。但是實際上沒有只是類的實體，所以天主實際上沒有造只有類的物，類性的觀念也不存在天主內；天主按照自己的理念造物，所造物都是實際的具體物，在天主內的理念便是每一物體的單體性。一個不實際存在的類性，可以限制原質而成類性，例如人是有理性的動物，動物有元質，有理性的元形限制了動物的元質，成爲有理性動物的人類，那麼爲何說元形不能限制元質呢？這一套理論都是抽象的理論，應用到實體上就產生矛盾。

單體性的成因，是單體的元形，元形受造時已有限定，不是一個抽象的空泛觀念。已經限定的元形，限定元質，乃成一實際限定的單體性。

(2) 元質在單體性內有何作用？元質若不限制元形，元質在單體性的構成，有什麼作用？或者說有什麼意義？

元質是物質性的，本質帶有量，量有多少，有大小，有分別。元質對於單體性，結成單體性的物質體，例如結成人的身體，身體配合靈魂，使靈魂在物質界能有行動。元質本質帶有量性，元質與元形結合時，元質的量性受元形的限定，成爲限定的量，元質限定的量也就作爲元形行政的範圍。例如每個人有自己的身體，身體的官能都有限制，眼睛、耳朵、腦神經，在每個人的身體裏都有強弱、高下的不同。靈魂在物質世界動作，就受這些官能的限制。這些官能的限制，對靈魂說，不是牠們限制了靈魂本體，而是限制靈魂的用。靈魂本體的限制，卽元形的限制，來自造物主。每個人的靈魂，不是空泛的人性，具有人的一切本能，沒有限制，在和元質結合時，才受元質的限制。每一個人的智慧和天才，各不相同，這種不同不是因爲各人的身體所有神經不同，而是因爲各人的靈魂在受造時，由造物主賦予的不同。普通我們都說一個人的智慧天才來自上天，稱爲命，孟子也稱爲性。

沒有元質的精神體，一切動作都屬精神動作，動作的限制範圍，就是元形本體所有的限制。精神體的元形所有限制由造物主所定。

(3) 元形和元質的結合，由創生力而結合，由創生力而結合，創生力爲「存在」，元形和元質因「在」而結成一實體，實體爲一活體。實體的「在」爲生命。

實體的成因，不是一個類的元形，例如人性，被投入具有「量印元質」，被塑成一個單體的實體。也不是先有一個類性的元形，例如人性，然後有每個單體分享類性元形，分享的比量不同，單體就因此不同。實體的成，或由創生力從創造力直接取得天主所創造的一個人已有限定的元形——靈魂，或由創生力從宇宙一類物體中取得按照造主物意向而有限定的元形，使和宇宙物質中和元形相符的元質相結合。創生力結成實體，創生力又保持實體。創生力爲實體的「在」，即實體的生命。實體爲單體，單體性在生命裏表現出來。

現在士林哲學常講類性的分享，我並不是反對或否定這種分享。不過我對於類性分享有兩點要說明：第一、類性分享只是抽象的理論問題，例如說每個人的個性是分享人性而成，這種講法，是柏拉圖的講法。實際上沒有一個獨立存在的類性，實際上便沒有分享可講。第二、所謂分享，在理論上可以說世界上沒有一個表現完全人性的人，每個人都只表現人性或多或少，因此我們說理想的完人只有一個。但是在實際上每個人的單體性是獨立的，是天主個別所造的。當然天主造每個人時，天主以人的共同點作單體性的基礎，然而不能說天主先造了人性觀念，然後按人性觀念去分配給每個人分享多少。天主沒有造一個理想的人，按照理想的人去造實體的人，天主是按自己的肖像造了人，使人分享祂的神性生命；生命是實際的，不是理論，分享天主的生命，不是分享天主的元形，而是分享天主的存在。

單體性的成因，是由造物主所限定的元形所成。沒有元質的精神體，元形限制自己；有元質的實體，已限定的元形，限制元質。元形和元質由創生力使之結合而成實體，實體表現自己的單體性而表現生命。

註釋：

❶ 東景南 朱子大傳，頁二八四，福建教育出版社。

❷ 張岱年 中國哲學大綱，頁一二四，藍燈文化公司出版。

❸ 葛榮晉 中國哲學範疇導論，頁六六，萬卷樓圖書公司。

❹ 曾仰如 十大哲學問題之探微，輔仁大學出版社，參、個體性的基本因素（原理）（De Principio individuationis）（The principle of individuation）頁一一七—一五一。

❺ S. Bonaventura, II Srnt. d. 3. p. 1. a. 2. q. 3.

四、生命哲學的認識論

一、新士林哲學的認識論

在生命哲學的續編裏，我曾經寫了一篇圓滿的認識論，提出兩點主張：第一，認識的主體和實體，彼此相連相通，沒有過不了的鴻溝；第二，心靈爲一明鏡。近來對於這種認識問題，我常加思索，又重新閱讀馬里旦教授的著作，自己有些新的見解，對那篇圓滿的認識論再加補充，在認識過程方面，解析更清楚。

馬里旦的認識梯次（Les degrés du Savair），收在他的全書第四冊。認識梯次共有九章和八篇附錄，深入地討論了認識論的各方面問題。問題的中心是第三章評判的實在論（Le Realisme critique），馬氏主張評判的實在論是士林哲學的認識論，代表聖多瑪斯的思想。馬氏在這一章的第三段認識論（De la connaissance elle-meme），簡單而深入地總括認識的內容，列爲七點。

1.在認識和非物質性（immaterialite）之間，有很嚴密的互相應合，因爲一個存有要是非物質的，才被認識。

2.認識是成爲自己的另外一個存有（fieri aliud a re）。認識的主體超於物質以上，主體和被認識的物體互相結合。

3.認識爲一種認識工作，好似存有和物性。認識工作不是製造什麼事物，也不是接受什麼事物，而是一種存在（exister），一種更好的存在，超越實際事物的限制。

4.認識的動作，和我們週遭的動作都不相同，不能列在亞里斯多德的動或被動的範疇裏。感覺認識動作繫製造感覺印象，理性認識製造觀念，但是這種內在的製造，並不是認識動作所造，而是認識所必須有的條件和工具，又是認識動作的表現。

5.因此，除絕對自有體天主以外，對於有限的相對體之認識，應該加入一個另外的存在，卽是意向的存在，（esse intentionale），和物體的本身存在不同。被認識者存在認識者以內，認識者和被認識者合而爲一。這種合一的存在，爲非物質性的，意向性的。這種存在不是由無而生一個新的有，而是一種意向的有（ētre intentionel），被認識者存在認識者的心靈內，認識的心靈變成了被認識者。按照意向性存在(secundum esse intentionale)兩者都放棄了原來存在的特性，成爲非物質性，無限制性的存在。

6.兩者結合的媒體爲非物質性的形態（species），形態不是外物的構形，不是外物的替身，而是心靈的一種內在限定（determinative interne）。感官由外物得一印象，印象相似一顆種子，留在心靈中，心靈的理智主動力從印象裏抽出外物的理，成一非物質性的觀念，在理智主動力動作時，認識者的心靈接受觀念的限制，心靈得一意向性存在，就是理智認識。認識爲一意向性存在，認識者和被認識者合而爲一，同有一種存在。

7. 認識作用的所思，有兩種功能：第一是認識者心靈的限制，有如一個模型限制一種作品，但不是認識本身；第二，在認識者心靈內，這種模型代替被認識的物體，然而超於物體的本身存在，爲非物質性，使被認識者在認識者心靈以內，兩者相結合而構成一種意向的存在。

最重要的一點，馬氏在這一章的第一第二段裏，特別說明外面的物體是認識的質料對象（l'object material），外面物體的「理」則是認識的正式對象（l'object formal）。認識的正式對象進入認識者的心靈，成爲形態的觀念，這種對象，這種對象不能和外物分開，它就是認識中的外物。假若把這種對象和外物分開，則外物不能進入認識者的心靈，不和認識者合而爲一，不同有一個意向性存在，則認識論或者是唯物論，或者是唯心論。

他也反對笛卡爾和胡賽爾，認爲他們都是走入唯心的迷魂陣，他反對康德，因爲康德的純理性批評不是外物的形態限制心靈，而是心靈以先天的形態限制了外物。士林哲學的評判實在論，則是心靈與外物合一，使認識成爲一種存在，這種存在爲實有的存在，不是心靈本有的存在，又不是外物本有的存在，而是一種第三者存在：一種意向的存在。這種意向的存在就是認識，也就是理智正在認識，又是外物正在被認識，兩者結合一起。對於外物要分析兩種性向：一種是外物現有的存在，卽是它本有的存在；一種是作爲認識的對象，呈現在理智面前。這種認識對象爲認識的正式對象，要進入認識者的心靈。因此，外物的兩種性向不能分離，認識對象就是被認識的外物，只是存在的性質不同。聖多瑪斯曾經說過，我們所認識的外物，例如「人」，在我們的心靈內存在，在外面的物體內存在，但是兩方面存在的性質不相同。聖多瑪斯也曾說：眞是兩方面存在的互相符合：「眞，跟着物的存在。」（verm sequitur esse rerum）。❶物有性理，（quidditas）有存在，（esse），眞，更是跟隨存在，而不是跟隨物理。

西洋認識論爭論的焦點，就在於被認識的外物，怎麼能進入認識者的心靈內，越過客體和主體間的鴻溝，進入主體心靈的對象是否眞是外物，而不只是一種作替身的印象？唯物論否認外物可進入認識主體的心靈內，所有認識只是感覺的認識。唯心論肯定外物進入主體心靈內，但只是心靈所作的一種替身觀念。因此彼此爭論不休。

二、中國哲學的認識論

當前，中國哲學者常諷刺西洋哲學者自造困擾，把認識工作分成主體客體，在兩者中造一鴻溝，大家爭論怎麼跨過這道鴻溝，中國哲學的認識論不分主客，一切都在主體內，沒有跨過鴻溝的問題。

事實眞是這樣，但是兩種哲學的認識論所有對象不相同，西洋哲學所要認識的萬物的理，中國哲學所要認識的是人生之道。萬物的理當然在外物以內，不在認識者主體的心內，便當然分主客體。人生之道則是性，中庸第一章說：「率性之謂道」，人性是在人心以內，當然沒有主體客體的分別。

儒家的認識論，中心是在一個「明」字。在書經的「舜典」裏，就有「克明峻德」；「康誥」有：「克明德」；「梓材」有「先王既勤力明德。」「召誥」有「保受王威命明德。」「君奭」有：「弗克往歷嗣前人恭明德」。「文侯之命」有「克愼明德。」從這個傳統留下來的「明德」，大學乃有『大學之道，在明明德。』

屈萬里的尙書釋義，對於「舜典」的「克明峻德」，沒有解釋。對於「康誥」的「克明德」解釋爲：「按：德，惠也。明德，謂惠於人公明也。」對於「召誥」的「保受王威命明德」解釋爲：「明德，昭明之德也。」對「君奭」的「弗克往歷嗣前人恭明德。」解釋爲「言不能長久繼承前人恭明之德也。」對其他各篇的「明德」沒有加解釋，以爲意義很明白，不必要注解。屈萬里的解釋有兩種意義：一、德，恩惠；明德，恩惠公明。二、德，善德，明德，昭明之德。

大學的「明明德」，朱熹的四書集注解釋說：「明，明之也。明德者，人之所得乎天，而虛靈不昧，以具眾理而應萬事者也。但爲氣稟所拘，人欲所蔽，則有時而昏；然其本體之明，則有未嘗息者，故學者當因其所發而遂明之，以復其初也。」

書經的「明德」，意義當如屈萬里所說「昭明之德」，卽是人君的明顯善德，爲外面行爲所表現的德行。大學的「明德」，則如朱熹所說：人心的天理，卽是中庸所說的「天命之謂性。」

中庸講人性，卻沒有講人心；講人心顯現人性的，是孟子。孟子所講人心和人性的關係，是以人性爲善德的根本，這種根本由人心而顯，所以說人心有仁義禮智之端。孟子主張養心或養性，以培植善德，有如培植草木和穀麥，舉牛山濯濯和揠苗助長作例。養心或養性在於克慾，因爲慾情妨礙善德的成長。宋朝理學以人性爲天理，卽人生之道，理由人心而顯，因此，理、性、心的意義相同。陸象山且以「心外無理」，反觀自心就知天理，王陽明認爲孟子的心學淹沒了幾百年，到象山才能有繼承的人，王陽明自己則認爲是陸象山的繼承人，傳承了孟子的心學。實際上孟子的心學是培植心的仁義禮智之端，而不是求知天理。求知天理乃是宋朝理學的問題。

大學講明明德，爲明明德則有正心誠意致知格物的步驟和方法。中庸講率性，率性爲誠，誠爲明。中庸說：「誠者，天之道也；誠之者，人之道也。」（第二十章）「自誠明，謂之性；自明誠，謂之教；誠則明矣，明則誠矣。」（第二十一章）人性爲自誠，爲天道，所以爲明，自己顯明自己。但因爲人心有慾情，慾情能夠掩蔽人性，所以要人克除私慾，使人性顯明，「自明誠，謂之教。」也就是「大學之道，在明明德。」中庸和大學所講的人性和率性，都和孟子的人性善，以及養心養性，在意義上相同。但大學對於致知格物的解釋，遭遺失了，朱熹作注時自己補注了一篇：「嘗竊取程子之意，以補之，曰：所謂致知在格物者，言欲致吾之知，在卽物而窮其理也。蓋人心之靈，莫不有知，而天下之物，莫不有理，惟於理有未窮，故其知有不盡也。是以大學始教，必使學者卽凡天下之物，莫不因已知之理而益窮之，以求至乎其極。至於用力久，而一旦豁然貫通焉。則衆物之表裏精粗無不到，而吾心之全體大用無不明矣。此謂物格，此謂知之至也。」

這一篇補注，就是朱熹的認識論，開啓了和陸象山的爭端。就朱熹的補注，我們應注意以下幾點：一、心靈有知，卽是說心有能力可以認識事物。二，心靈所認識的是事物之理。三，認識事物之理的知識，可以使人心之全體大用無不明矣。四，窮究事物之理，用力久了，可以一旦豁然貫通。五，因已知之理求未知之理。從上面五點去看，朱熹所講的外物之理，「天下之物，莫不有理。」不是外物的本性的物理，如現代物理學和生物學所研究的物理，卽自然科學所研究的物理，而是外物在行動上和人的生活之關係，這種物理的知識，可以使人心之全體大用無所不明。所謂「吾心之全體大用」，應該指着人心應對一切事物之道，和人心善德的化育，這一切都關係人生之道。外物對我們人生之道，是關於人心的天理，兩者間要能相合。對於宇宙萬物之理，朱熹繼承二程的思想，主張「一理而殊」，宇宙萬物生命之理，爲同一之理，但因所稟的氣有清濁不同乃有分別。因此，在研究萬物之理的時候，從每種物體的不同之氣以求同一之理，所求的理必和人心之理相同。這樣去研究，「至於用力之久，而一旦豁然貫道。」一旦豁然貫通了，則「吾心之全體大用無所不明矣。」在這種研究工作裏，雖然有外物和人心，卻不形成主體和客體的分別，因爲外物之理，也在我心理。既然在心裏，又何必去研究外物？陸象山主張不必去研究外物，只要反觀自心就夠了。朱熹主張研究外物，因爲每一物的氣不同，實際上每個物體就不相同，每個物體和我心的關係在抽象的天理上都是一樣，但在實際上的上行動就不相同。例如孝道，子女該孝敬父母，在理論上常是一樣，在事實上怎樣去做孝敬父母的事，符合現實的環境，便事事不相同了。因此對於外物之理，也該當研究。

朱熹所主張的卽物窮理，不是自然科學的物理，而是萬物對於「人生之道」的關係。王陽明曾經以爲朱熹主張研究自然科學的物理，便去剖竹以求知竹的物理，剖了又剖，幾乎到了神經分裂的程度，仍舊對竹的物理一無所知了，乃捨棄這種窮理的工作，轉向陸象山的反觀自心，以心爲理，心理的知爲良知，致良知，便是大學的致知。

孔子講求學，求學以知人生之道。人生之道在於率性，性在人心，自然顯明，但人心有慾，慾能掩蔽人性，大學乃講「明明德」，克慾以養性養心。這樣，修身克慾成了認識論的一部份，卽是中庸的「自明誠」。儒家的認識論以人性天理爲認識的對象，人性天理在於人心，人心虛靈自然顯明人性天理。聖人的心沒有私慾，自然知道天理，乃是中庸的「誠者，天之道也。」也是孔子所說：「生而知之。」普通的人常有私慾，爲求知天理，一方面克除私慾使自心的天理同能夠顯明，一方面研究外物之理，外物之理和人心天理同一理，能夠使人反省自心之理。這就是儒家的認識論。

關於道家的認識論，我在「一個圓滿的認識論」裏，曾經說過莊子的認識論。莊子的養生，重在一個「通」字。這個通字，也是莊子認識論的重點。莊子主張宇宙萬物由氣而成，天地之氣貫通萬物。人的知識應該是由氣的相通而有直接的直見，通爲氣知，通爲大知，理性的知，稱爲小知，由理智去測知物理，乃是片面之知，又是不實的知，如同一羣瞎子去摸象，各說各人的感觸，各人不同，卻都不錯，沒有是非。

佛教的認識論，不是唯識論，而是「明心見性」。佛教所要認識的是佛，佛在各人心中，稱爲佛性，爲各人的眞我。人要排除人心的一切雜念雜知識，人心空靈，佛性乃明白顯出，人便在自心見到佛性。

三、生命哲學的認識論

生命的哲學以生命爲中心，人的活動也是生命。認識爲人的活動，認識便也以生命爲根基。人的生命爲心物合一的生命，人的認識便是心物合一的活動。

1.人的認識活動，不限於認識人生之道，也該擴展到自然科學的物體，還又發展到形上學物體的本體。人生之道，乃是人知識的中心；因爲人生就是人的生活，生活爲生命的活動，生命爲人的存在，人對於自己存在之道，當然要知道；而且人的一切活動都是以存在爲根本，和存在都有關係；人是爲自己的生存而活動，一切活動爲發展自己的生存。

西洋哲學不講人生之道，不是不重視，而是因爲把人生之道由宗教去講。西洋各國多信天主教，後來有幾乎三分之一改信基督教。但是天主教和基督教都以信仰範定人民的生活，傳統上都是政教不分，到了當代公共生活才脫離宗教範圍；因此，西洋人的生活之道，歷來由宗教去講。西洋人家庭的小孩，都要到教堂學習教義和倫理，到目前仍沒有變。小孩所學的倫理知識雖不一定都發生效力，然而社會上一般民衆心理裏，能夠造成是非的共識；尤其對於老年人，可以再回到心頭。中國歷代家庭注重倫理教育，私塾老師必定講解四書的人生之道。目前家庭既缺乏家教，學校又因聯招升學壓力，疏忽生活教育，因此必須重新提倡家庭和學校的倫理教育。當代學校的教育，已經全部教授科學的知識，全部授受歐美的學校制度，今天求學絕對不是學習人生之道，而是學習自然界物體的理。儒家的認識論必定要加擴充。儒家認識論的目的，爲求生命的發展，則仍舊保全；人生之道固然是爲發展生命，自然科學的知識也直接都有助於發展人的生命。形上學則是人生之道和自然科學的原則，也是應用的原理。目前，中國哲學研究的方向，也和傳統的哲學不同，已經走向西洋哲學的路線，追求實現眞理，不是追求人生之道。

2.研究各種學術的方法不同。歐洲近兩百年來，因自然科學發達，自然科學的研究方法被推爲一切學術的研究方法，傳統形上學幾乎被全部推翻。最近半世紀，形上哲學逐漸恢復固有的地位，但研究的方法則大有改變，接受了自然科學注意實體的趨勢。在傳統上，哲學只研究共同的觀念和共同的原理，自然科學研究具體的單獨實體。本世紀的歐美哲學則注意具體的事物，存在論研究具體存在的「我」，懷德黑研究實際的事體（actual reality），還有學派研究人生活的實際經驗或實際的人稱。

中國哲學在宋朝時，朱熹和陸象山的爭論，就是哲學研究方法的問題。西洋傳統哲學所處的境界，也就是理論的境界。陸象山所主張的研究方法是處在內在心理的境界，也就是理論的境界；朱熹主張的研究方法是兼顧理論與實際，他主張理氣並重，理爲理論界，氣爲實際界。但是哲學注重實際和自然科學注重實際，只在「質料對象」上相同，在「形式對象」上則不相同。哲學注重實際，是從實際具體的存在，研究具體存在的理。自然科學研究實際事物，是就實際事物研究實際事物。

3.研究人生之道，是反觀自己的人心。人生之道的原則由造物主刻在人性上，人性由心而顯，人心虛靈而明，人反觀自心，便能認識人生之道。中國哲學常講這種方法。陸象山且主張心就是理，「心外無理」。王陽明更主張良知就是心，良知就是理。聖奧斯定曾經主張事物的原理，都由造物主放在人心內，人見到外面的事物，引發心中所有的原理，因而認識外面事物。聖奧斯定的思想，有似先天觀念論，如同柏拉圖所說人的靈魂先天認識所有觀念，靈魂和身體結合後，和外面事物接觸，引發靈魂先天的認識。聖奧斯定不接受柏拉圖的觀念獨立存在論，而以觀念為天主造物時的理念，天主造人時，把這些理念授給人，人先天具有這些理念。聖多瑪斯不接納聖奧斯定的主張，認為觀念是人的知識，由人的認識動作所造。但是就人生之道一方面講，人生之道的原則是先天的知識，藏在人心，稱為「人性律」，自然顯明；大學稱為「明德」。但是慾情能夠加以掩蔽，人需要克慾；大學稱為「明明德」。儒家的「明」和莊子的「通」，都指着克慾。西洋哲學也講良心，良心有良知，自然認識先天的倫理原則；這一點和儒家哲學一樣。

生命哲學對於人生之道，主張為認識的第一對象。人生之道為生命發展之道，人的生命雖是心物合一的生命，然而以心靈生命為最高，也是人的生命的基本。心靈生命能有合理的發展，人心舒暢，生命才能有快樂。心靈生命的原則，心靈先天具有；心靈虛靈，先天原則自然顯明，心靈虛靈又能知，必定可以直接認知心靈生命之道。

宇宙萬物的生命，互相關連。人的生命爲心物生命，心與物的關係，除生理方面的關係，不在人的意識內，心靈直接不可以體驗，其他在理智和情感方面的生命，心靈可以直接體驗，再還可以加以反省。外面事物在生命上和人生命的關係，除生理生活外，心靈也可以直接體驗。這是莊子所說的「通」，但不是「氣通」，而是創生力的相通。中國詩人文人，在所作的詩中和文中，自身的感情和自然界物體相通，例如『感時花濺淚，恨別鳥驚心。』中國的傳統藝術常注重這種相通，認爲藝術品應具有生氣，不宜呆板堆砌。莊子曾講「天樂」和「人樂」，「天樂」爲自然界的歌曲，人心可體驗。儒家也講「天樂」，爲自然界的和諧。易經所以講時位的中正，孔子乃講「中庸」，以求人的生命和宇宙萬物的生命之平衡，使宇宙成一和諧的整體。

4. 理智的認識，爲心物合一的認識，不是直接的認知，而是經過感覺的抽象工作，構成觀念。觀念就是認知的事物，在人的心靈內，和理智構成一種意向的存在。

宇宙的事物，除人以外，都是物質物。物質物的每一個物體有自己構成存在的理，這種存在之理在每一個物體中自然顯露，好比一個桌子，它存在之理，自然顯露於構造中。又好比一幅畫或一座雕刻，畫和刻像的意義，自然顯露在畫中和雕刻中。人造的事物是這樣，自然界由造物主所造的物體也是這樣。當然，有的物體的理很單純，有的很複雜，例如現在的新派畫，不容易看出畫的意義。物體的理，爲存在之理；存在是理，物體有動之理。士林哲學有句俗語：「Ratio essendi est ratio operandi，存在之理卽動作之理。」動的存在卽是生命，動作卽是生命，動作卽是生活，生活必定以生命爲動作之理。因此，說人是理性的動物，就是由動作去界說人之爲人之理。中國哲學乃常說：『體用合一』。『體用合一』，在認識方面是正確的，在本體論方面則不對；因爲本體上，體是體，用是用，兩者不同；在實際上，兩者不能分。

宇宙間每一物體的理，自然顯露在自己的構造中和動作中。物體的構成分子爲物質，物體的動作也是物質性，爲認識這些物體，須用感官，感官對物體的構成分子或動作活動取得印象。印象中的這些物質或動作，例如顏色，聲音，不是普通的顏色或聲音，而是這個物體或這個動作的構成素，受這個物體或動作的構成之理所加的限制，限制之理卽是物體構成之理。因此，這些感覺印有物質之象帶有物質之理，感覺印象進入心靈中，心靈的理智主動地認識印象所含的物體之理，理智主動認識印象中之理，理智和印象中之理結合爲一，構成觀念，觀念不是由印象中抽出，和外物相分離，按照柏拉圖所說，和觀念世界的模型觀念相結合，成爲一種不實在的代表記號；而是理智和印象中之理結合成一實際的存有；這種存有就是客體外物，和理智認識力結成的「意向存在」，稱爲觀念。

客體外物怎麼能夠進入人的心靈？近幾世紀歐美哲學繼續在討論這個問題。

人是心物合一的一個整體，物有心靈，有身體。身體對外的動作，動用五官，五官動作經過心靈的意識，才成全完全的動作。因此五官動作所得感覺印象，天然地進入人的心靈。否則，心不在，看，看不見。進入人心靈的感覺印象，是物體和感官的結合，即是加有感官的客體外物，客體外物的構成物質和構成的理，整個的和感官相結合。人的心靈動作，也須經過身體動用神經，心靈動作和外物相接觸，必定經過身體的五官。這種接觸的歷程爲天然的歷程，爲造物主所定的歷程，歷程的經過必定達到目的，如同其他多種動作的天然歷程一樣。例如生理生活的歷程爲天然歷程，各種生理動作都能達到目的。否則就出現病態。認識動作的歷程，客體外物通過感官進入人的心靈，而有感覺印象。感覺印象含有物體之理，和理智相結合而成觀念，觀念便是客體外物在心靈中的「意向存在」也就是理智對客體外物的認識。外物在認識動作中進入主體，乃是宇宙萬物在生命上的互相連繫，在生理生命上互相連繫，在心靈生命的認識上也互相連繫。既然，外物必須要和人的理智相結合，才能有認識，認識動作是人的生命和外物相連繫的天然管道，則外物必定進入人心靈內。進入心靈爲什麼是這樣？只有答說：那是造物者所定，是一種自然法，和別的自然法一樣；爲什麼這種物體，人可以吃，那種物體不可以吃？自然科學只能說因爲兩方面的物性相合或不相合。爲什麼相合或不相合，自然科學也只好說天然是這樣。

宇宙間萬物生命的相連，最後的理由，是宇宙萬物生命的創生力是同一的創生力，週遊宇宙萬物間，皆發動一切的動作。中國古代哲學常說宇宙有大化流行使萬物繼續化生。大化應該說是造物主所造的宇宙創生力。

但是人的認識有時錯誤，既然觀念就是外物，錯誤從那裏來？上面已經談過，外物之理有的單純，有的複雜；單純的理一眼看出，複雜的理則待研究、錯誤不是觀念有錯，而是分析觀念予以解析說明時可能有錯。

這一段的結論，和馬里旦結論一樣。只是加了生命哲學的萬物生命連繫之道，作爲基本的理論。

5.人們對於客體外物，沒有「直見」(Intuition)；因爲人的認識動作是心物合一的動作，必須經過感官。莊子的「氣知」，佛教的「禪觀見性」，天主教的「直接默觀」，都不可能；因爲不能脫離身體，人脫離身體就是死。但是天主教的歷史裏，有了「直接默觀」的事實；這些事實乃是天主的特恩。即是天主運用自己的神能，使人暫時脫離身體，心靈單獨動作，在「直接默現」時，身體等於死，一點知覺都沒有，僅只生命沒有斷。心靈則直接面對天主，恢復平常生活以後，對「直接默觀」的內容無法述說，因爲沒有相配的觀念。

人死以後，只有靈魂生活，靈魂沒有感官，不能和物質世界相接觸，不能看，不能聽，不能說話，只能由天主而能知道世上的事。但還保全認識物之理的能力，靈魂若和天主不相結合，就不能知道人間的事了。

馬里旦曾講一種「神秘的經驗」（Experience mystique），不是「直接默觀」，而是一種心靈的體驗，直接體驗天主的臨在，心靈覺得非常的滿足。聖十字若望曾講人對天主的愛，發揚到極點，超過理智的認識界限，再接受天主聖神的助力，人的心靈實際生活在超於宇宙人物的天主聖愛中，沒有看見天主，沒有直接認識天主，在沒有感官和理智認識中，體驗到天主的臨在。

這種神秘的經驗，用來解釋印度的神秘主義，又用來解釋佛教的禪觀。人的心靈面對一個絕對的至高存有，不見不聞，只有在理智的黑暗裏有直接的體驗，同時心靈卻有非常的光明，和高度的滿足。

生命哲學講人的意識時，說人有永恒的意識，人心常向永恒的生命發生希望。馬里旦說形上學有向上超越理智的企望。因着這種永恒的希望，人的心靈可以得到「神秘的經驗」。

對於生命哲學的認識論，可以作下面幾點簡單的結語：

甲、生活之道，人爲認識的第一對象。生活之道，明白顯於人心，反觀自心就能有知。

乙、對於外物的認識，自然科學和哲學的方法不相同。

丙、物體的理，自然明顯在物體的構成中和動作中。這是所謂體用合一。

丁、外物由感官進入人的心靈而有感覺印象，理由主動在印象中認識物體之理而構成觀念。

戊、觀念是外物和理智的結合，成爲外物的「意向存在」。觀念卽是外物。

巳、外物進入心靈，爲認識的天然歷程，以創生力而完成。

庚、人可以對超宇宙最高絕對存有，得到「神秘經驗」。

附　註

❶ S. Thomas, De Veritate, 1-1, 3e, sed Contra, 參考 in I, d. 199. 5, a.1,

五、生命哲學的時間和記憶

生命既是活的，時間和記憶便離不了生命。中西哲學都討論了「時間」，而且爭論很多。對於記憶，則被歸於心理學的問題，討論的人就不很多了；但是聖奧斯定卻在懺悔錄裡講了記憶以後，才講時間。現代西洋哲學柏格森講生命哲學，乃講記憶和時間。我既然講生命哲學當然該講這兩個問題。我先講一講中西哲學對這兩個問題特別注意而又特別討論的哲學家所提出的意見，最後我講我的意見。

一、周易的時間

大家都知道周易非常看重時間，在六十四卦的傳辭裡有十二卦特別提出『時的意義非常重大』。而且周易以『中正』作爲變卦的標準，中正則由時位而成。由卦變而到人事，周易則勉勵君子『與時偕行』，君子行事須要『待時』、『及時』、『奉天時』。

1. 周易時間的意義：

周易的時間，不是計算變化先後的時間，也不是計算行動久暫的時間，而是標出「時機」的時間。「機」字在周易中意義明顯，指着「動之微」，卽事將發生還沒有發生的時候，但已經有現象顯示要發生。王船山很重視「幾」，在他的歷史哲學裡，具有重大的意義。易經說『知幾其神乎』。（繫辭下 第五章）能夠知道把握「幾」，採取行動，幾發的事爲善，則促成發生，若不善，則預防或阻止發生。「君子見幾而作，不俟終日。」（同上）這個機，當然稱爲時機。但事情已經發生了，開始進行，這種時勢稱爲時機。王船山曾經說：「太上治時，其次先時，其次因時，最下亟違乎時，亟違乎時，亡之疾矣。」(註) 治時，是控制時勢；先時，是利用未發之幾；因時，則是事情已發，則順着時勢而行；違時，則是反乎時機。周易所說：待時、及時、奉天時，與時偕行，都是指着好好掌握時機，同變化結在一起，也就是同生命相結合。

時間本身是虛是實，在中西哲學裡都是一個爭論的問題；但無論虛實，時間本身非常微妙，不可捉摸。周易的時間，爲能捉摸，乃和空間結合一起，所以周易講時位；位，便是空間。周易的空間，不指着物質物的量所佔的空間，卽不是指着物質物的一份子在一份子之外，所成的空間，而是和變化相關連，表示變化的具體環境。

物質物的變化，是物質物的分子起變化，分子的變化必定在具體的環境內，周易以卦象徵宇宙的變化，卦由爻組成，每一卦六爻，六爻組成一個卦圖或卦象。卦圖的六爻爲組成圖象，須有排列的次序，爻的次序是位置，位置是空間。一二三四五六，是上下的次序，每一爻佔一地位；同時，上下的次序又代表一個變化的起點或止點，例如第三爻上到第四爻，第三爻爲變化的起點，第四爻爲變化的止點，變化的起止，則是變化的歷程，屬於時間的意義。因此，周易一卦的爻所處位置，是空間又是時間，例如乾卦的初爻，意思是「潛龍勿用」。潛龍指着隱居的空間又指着隱居的時間，所以稱爲時位。位置不是一個空間，而是變化的起點或止點。變化的起或止，也是時間和變化的關係，時機更是指着變化從起點到止點的歷程，又包括變化的具體環境，因此時間和空間在周易的卦裡，時常連合在一起，而空間更代表時間，例如乾卦的初九、九二、九三等，是位又是時。

2. 周易的時間是陰陽變化的關係

周易卦爻的變化，是陰陽兩爻的升降；兩爻的升降，引發各種關係；關係的說明，在於彖辭爻辭和象曰。關係的構成，基本在於陰陽的關係，陰陽關係的形成則在於起點和止點的位。位雖是空間的名詞，但又代表社會上和禮儀上的名位，例如君臣、父子、夫婦、君子小人，對於這些名位的關係，在倫理和禮儀上有一定的原則，陰陽變化不能違背，違背則不正，就是凶。例如：

豫卦，彖辭說：「豫，剛應而志行，順以動，……豫之時義大矣哉。」周易本義程頤註說：「九四爲動之主，上下羣陰所共應也。坤又承之以順，是以動而上下順應，故爲和豫之義。」豫卦爲五陰爻一陽爻，一陽爻在第四爻，上卦爲震卦，下卦爲坤卦。王船山在周易內傳註解豫卦說：「一陽奮興於積陰之上，拔出幽滯之中，其氣昌盛而快暢，故爲豫。乃靜極而動，順以待時而有功之象。……孤陽居四而失位，然而爲豫者，與小畜之陽不舒，謙之陽伏不顯，正相爲反。凡此類，以錯綜之卦互觀之，義自見矣。」❷又註象辭說：「豫一陽失位，……疑於不利，故聖人推言所以利之故，而嘆其時義之大，非善體者不能用也。審其時，度其義，知豫爲聖人不測之神化，則不敢輕於用豫。」❸

陽爻的位在第五爻，豫的陽爻在第四爻，本是失位；但第四爻是由第三爻上升，爲動的象徵，一陽能動，五陰相應，乃能有利。王船山說豫的陽爻和謙卦不同，謙卦也是五陰一陽，一陽在第三爻，第三爻不能動，因爲第三爻和第四爻之間有一淵，第四爻又是陰，陽爻不能動，所以「謙之陽伏不顯。」又和小畜不同，小畜卦是一陰五陽，一陰在第四爻，陽不動，陰也不動，「小畜之陽不舒。」

因此豫卦之時義，是可以動的時機，「利建侯行師，」但是有非常謹慎。

又如：

遯卦，象辭說：「遯亨，剛當位而應，與時行也。小利貞，漫而長也。遯之時義不矣哉。」

遯卦，四陽二陰，二陰在第一爻和第二爻。這卦的卦位爲中正卦，因爲第二爻是陰，第五爻是陽，所以說『剛當位而應』，陽居五而下應六二。這卦象徵「君子進則立功，退則明道，明哲保身，樂在疏水，於己無不亨。」❹這是王船山在周易內傳對遯卦的註解。他又說：「初，四者退爻也，三，上者進爻也，進則過，退則不及，剛柔皆有過不及之失；二，五酌其宜以立爲定位，而居之安，故位莫善於中也。」❺遯卦象徵一個時機，在位的君臣相安勿動。

又如：

姤卦，彖辭說：「姤遇也，柔遇剛也。……天地相遇，品物咸章也。剛遇中正，天下大行也。姤之時義大矣哉。」

姤卦，五陽一陰，一陰在第一爻。王船山解釋卦辭說：「不期而會曰遇，姤之象也。……而姤乃女子邂逅，與男相遇之謂，其爲名貞明矣陰之忽生於羣陽之下，本欲干陽，而力尚不能敵，故巽以相人，求以得陽之心，而逞其不軌之志，其貌弱，其情壯矣。卦本一陰爲主，而卦之名義，彖，爻，皆爲陽戒，小人之幸，君子之不幸也。……乃在不斯而會之際，陽方盛而二，五皆未甚其中，則忽之以爲不足憂而乍然相喜者多矣。戒之於早，猶可爲亂，而非中人以下所能而惑也。」❻又解彖辭「姤之時義大矣哉」說：「本義曰：『幾微之際，聖人所謹，』當其時，制其義，非聖人不能，然亦豈有他道哉？以義制利，以禮制欲，以敬制念，則無不可遇之陰矣。」❼

妒之時義大，因爲須特加謹愼，有聖人的謹愼，才能善用這個時機，不致被惑。

我們簡單地說，周易的「時間」指着「時機」。占卜得一卦，要認識這卦爻變所代表的時機，好好順時而動，「與時偕行」，或者「待時」，安守不動。易經學「時機」的意義，則由陰爻陽爻升降的關係所構成；陰爻陽爻升降關係的順逆，學者的意見就頗多了，大概都以卦象去解釋。對於卦象就有義理和占卜兩大派系；義理派又有王弼、程頤和王船山三大系；卜占派則有漢易的象數易各家和朱熹。但是這些學派的易學思想雖不同，大家對於「時間」的意義則有共識：時間代表變動的時勢。

二、聖奧斯定的記憶和時間

在懺悔錄一書裡，聖奧斯定追求認識自己，深入自己以往的生活，引發對天主深刻的懺悔。在懺悔裡表達對天主最赤誠的愛，在愛中把着無窮的希望，希望能得生命的幸福。深入以往的生活，則必定引起回憶和時間的觀念，進去追求了解這兩個觀念的意義。但是聖奧斯定在懺悔錄不是討論抽象的理論，而是對於生命活活地體驗，講到回憶和時間，也是從生活裡去體驗，不講學理。但是在生活體驗裡隱藏着幾個基本的理念。

1. 記 憶

聖奧斯定在懺悔錄的第十卷談記憶。在這一卷的開端聖奧斯定說：

祢（天主）認識我，我也希望認識祢。我希望認識祢，如同祢認識我。」[8]

爲認識天主，宇宙萬物都可以幫助我們，但是我們要愛的，不是形色美麗的物。

我愛天主，我究竟愛什麼？那個我靈魂的是誰？我願在我靈魂的指導之下，跑到他身邊去。……

為達到造我的天主台前，我還當啥靈於別一種力。於是進入了別一個領土，廣大的記憶宮殿。那邊藏着從感官得來的無數的想像之寶。那邊也貯着從原始想像，經增減改削而構成的想像，和一切我囑它保管，而還沒有淹沒的東西，

我進入這個宮殿，我可以隨便予以召集：有些立刻報到；有些久後才來，彷彿是從什麼神秘的地方趕來的。[9]

聖奧斯定進入記憶宮殿裡，尋找自己。記憶在那裡？記憶是什麼呢？他沒有詳細說明：

我天主，記憶的能力是強大的，……這是我靈性的一種能力；我也未能了

解我的所以然。⑩

他雖然不能了解記憶的所以然，他卻說明記憶的來源；他說明感覺的記憶，靈性的記憶，懷舊的記憶，情思的記憶，還有忘記的記憶。

感覺的記憶，由感官攝取外物的影像，影像進入心中留在心靈裡。靈性的記憶，有智識。智識不是外物的影像，是外物的關係，出自事物的性理，記憶得所收藏的，不是影像，乃是智識本身，智識本身是理，是原則，是眞理。

那末，它們究竟怎樣進入我的記憶裡，我不知道。我認識它們，我的認識不是從他人來的，而是由我的理智來的。我在我的理智裡，認識它們，確定它們的眞實性。……在我認識它們以前，它們已在那裡，可是還沒有進入我記憶的領域。……它們早已藏在我的記憶中，埋沒在記憶的一角深處，不經發掘，我是不會想起的。⑪

聖奧斯定主張先天觀念論，理性的共同觀念，眞理的觀念，天主造了放在人的心靈裡，人遇着外物須討論理論的性理時，人在自已心裡可以發掘這些觀念。

數學的定律，不是數字的影像，不是從五官進入人心；可是人可以懂得，又可以記得。因此應先已在人的心內。

對於事實，對於情感的印象，記憶都可以保存。還有忘記，也可以記憶，就如我記得昨天忘記了一樁事。

還有一件不可思議的事情？我說忘記，記憶和忘記同時出現在我心靈裡。……歸根結底，忘記是什麼？不是缺席的記憶嗎？……那末，我們應否這樣結論；我們記念它，在我們記憶中的不是它，而是它的像。因為，假使它存在的話，它要使我們忘記，而不會使我們記得。⑫

記憶是我們心靈的能力，收藏感官所得的印象，又收藏我們情感的經驗，而且先天藏有理性的觀念和原則。我們隨時可以運用心靈的記憶，在心靈的記憶裡，我們認識我們自己，也構成我們的生活。沒有記憶，我們的生命就瓦解了。

在記憶裡，我們追求幸福的觀念。大家都希望幸福，但是幸福的觀念在那裡？在我們的記憶裡。那麼我們原先是幸福的，否則，怎麼可以有幸福的觀念。幸福是天主的，幸福的對象是天主，幸福的理由是天主，幸福的路徑也是天主。⑬幸福的路徑來自眞理，在眞理中看到以往的罪惡，由心靈懺悔，在懺悔的眞理中，找到天主。

我天主，祢看，我為尋祢，我怎樣縱橫馳驟於記憶的領域中。最後，我在它那裡找到了祢。⑭

2 時間

聖奧斯定在懺悔錄第十一卷裡談時間。

人們常問：天主在造天地以前做什麼？聖奧斯定答說：發這個問題的人，不認識天主是誰，不知道天主生活在永遠中。

永遠是什麼？永遠是整個現在，時間則是逐漸積成的。

無論什麼長時間，是逐漸的，一點點積集起來的。相反地，我們談永遠，算術中的問題，是插不進的：因為永遠是整個現在。⑮

聖奧斯定答覆說：「天主在造天地以前，沒有做什麼。假使做過什麼的話，那樣東西也當包括在受造物的範圍內。」⑯

時間是什麼？

> 假使人家不問我，我很明瞭；假使要我解釋起來，我茫然無頭緒。[17]

時間常分成過去、現在、將來。但是過去的時間，已經過去，已不存在；將來還沒有來，也不存在。再一點，時間常分長短，但是長的時間所存在的，只有現在的一刻，短的時間所存在的，也是現在的一刻，長短怎麼分呢？

> 現在我已明瞭：將來和過去都不存在。我們說：時間分三種：過去、現在、將來。說得更準確些，三種時間是過去的現在，現在的現在，和將來的現在。這不過是個類比的說法。這是我們思想中，三種不同的觀點，別的地方是找不到的。過去的事情於現在是記憶，現在的事情於現在是直覺，將來的事情於現在是等待。假使我能這樣說，我認為有三種時間。[18]

記憶、直覺、等待，都是心靈的沽動，都在心靈以內。因此時間的造成，是心靈的活動。

我聽見一個學士說：時間就是日月星辰的運動，我不能贊成。……我認為時間是種延長，可是，我究竟看見沒有？或許不過我以為看見。⑲

時間不是物體的運動，運動長短的測量又是另一事，兩者都根據時間，而本身不是時間。

最後，我認為：時間是種延長。什麼東西的延長，我不得而知。假使不是心靈的延長，我更要莫名其妙了。⑳

對於時間，我們常要測量，那椿動作時間長，那椿時間短。聖奧斯定認為一種在進行時，不能測量長短，到了終點，可以測量時，動作的時間已經過去了，不能測量，祇好用我們對這椿動作過去時間的記憶。聖奧斯定對時間的結論：過去時間是記憶，將來的時間是等候，現在是直覺，這三者都在我們心靈裡。人的生命，就是由這三方面去看。

為人的整個生活，生活的各部分，為人類的歷史，歷史的各部分也是這樣。㉑

最後聖奧斯定向天主說：「希望人們注意現實，承認祢在時間還沒有存在的時候，早已存在。祢是一切時間的創造者，沒有一個時間，一樣東西，就是它存在時間之外，也不能像祢是永遠的。」㉒

永恒是整體的現在，時間必有過去、現在、將來。時間乃是人心靈對運動的記憶。

三、柏格森的時間和記憶

1. 形上學

柏格森從形而上學去看時間和記憶。形而上學的研究方法，和科學的方法不同。「所謂兩種不同的認識方法云者：一則吾儕之認識，但環繞於物之外周，而一則直探該認識物之內面。」㉓

科學環繞於物的外周，用分析以作識別，「惟絕對僅能由直觀以得之也。所謂直觀者何？卽一種之知的同情，吾人賴之以遊神於物之內面而親與其特獨無比，不可言狀之本質融合爲一者也。分析則反之，僅剖割其物，檢其組織中之要素使與吾儕已知之要素一致而已。」㉔

人們都承認有一「實在」，所謂實在，「卽通過時間流動之我等自身之人格，延綿不斷之自我也。」㉕

我們自身延綿不斷，為「內的生活」，「內的生活」實同時具備有性質之多樣性，進步之連續性，方向之統一性之三者，不能僅以一心像表示之也」㉖「由是則於綿延之間，雖可謂有一多數性；然彼完全為一特異之多數性，與他之多數性毫無類似之點，則不能不認明者也。以則於綿延之間，雖謂為有多數性，然實則因綿延之各種要素相互融會流通，雖有多數，而綿延則為惟一之綿延，同時，具有單一性者也。」㉗

2. 時間

柏格森考試博士的論文，即是「時間與意志自由」，研究自由與時間的關係。柏格森反對「命運論」，主張人有自由。人的自由在於內心的意識，內心的意識為人的內在生活。內在生活為單一性而又多數性的綿延，綿延為純一不分的，自由便也是單一而不分的。

普通人們談自由，談自由的原因，自由的限制，和自由的強弱；這些人談自由，已經把自由分析了，加上了許多不同的元素，而且和時間空間相混融了，造成了件件的心理事件。

柏格森主張有兩種時間：自然科學的時間（分量的時間），我們體驗的時間（性質的時間）。自然科學的時間，為數學性的時間，用鐘錶計算或氣象錶計算。這些計算儀器都是物質物，都是空間性物體。它們所成的時間，是一色的而用預定標準去計算的時間。這種時間是被動的，沒有動作。我們體驗的時間，則是由生命內部發揮出來的，是動作的，形為一種不可分裂的進程。

對於第一種空間性的時間，柏格森舉計算數目的例：

> 例如我們要想像五〇這個數，我們就從一起，把所有的數都一一數一遍，複到五〇時，我們就相信，我們已是「在時間內而只是在時間內」，把那個數想出。……然所數及的各數目，當我們從上一個數到下一個去的時候，上一個必須留在那裡等着人把它加到別一個裡面去；它如果只是「久」之中的一剎那，它怎麼等得呢？如果不把它置在空間裡，叫它在什麼地方等着呢？……但當我們把前乎此的各剎那加到現下的一剎那裡面來的時候，如我們把各數目加起來時那樣，我們所處理的不是那些剎那的本身，因為它們已經是「逝者已矣」的了，而是似乎是它們在空間經過時所遺留下的那些不滅的遺跡。[28]
>
> 所以，它們是空間的各區分，而空間因此就是那心用以造成數的質料，並且是心把數存放於其中的那個周遭。[29]

柏格森認為空間是「對於一個空洞而一色的周遭的那個直覺，或概念的。……空間就是使得我們能夠辨別一許多同樣而又同時的感覺的彼此的。」[30]

在空間裡我們把數目列成一行一行地，而後加在一起。能夠加在一起，是因為「有一個揉合或組織的過程使這些一個一個可以由此被動加在一處，而成一種為質的眾多的東西。這些一個一個的得以相加，是因為有這個動的過程。」㉛

人心內的「久」。

動的過程，是人心內的時間；人心把外面空間的一個一個連繫起來。人心內的時間，是

在我們身內底「久」是什麼呢？是一種質的眾多，和數沒有相似處；是一種有機體底演化——這可不是一種正在增加中的量；是一種純乎底「翻新」裡面沒諸般各別底性質，一言蔽之，內在的久的各剎那不是互相見外底。在我們身外的是什麼樣底久呢？只有一個現在……只有一個「並時」？……我們在一個指定底剎那中，於身外是見到一個許多並同時底位置的全系統；見到一個前乎此是沒有什麼遺下底許多「並時」的全系統。㉜

外面的時間，由空間位置予以分割，有前有後。內面的時間，則不能分割，是質的眾多，不是量的眾多，是純淨的「久」。外面久和內面久，造成兩個「自己」。

> 因此上，「自己」就終於要有不同底兩個，其中一個彷彿是其他一個的外着底影子，它的空間性的和社會底表現。我們要得那第一個，是要用深入底內省及底狀態；之為互相吞沒着而其在久中後先相繼承，絕不和一色空間裡的排列有什麼相同之處底諸狀態。㉝

內在的自己，才是眞正的自己，是眞正的自由。

3. 記憶

柏格森的另一册書物質與記憶，討論記憶，在「序論」裡他說明唯物論和唯心論，以及實在論，都不正確。物質是實有，精神也是實有。

> 我以為物質是影像之總合。我所謂影像是指一個存在，比觀念論所謂表象來得強些，又比實在論所謂物體來得弱些——就是一個存在而位於物體與表象之中間。㉞

在常識上，所謂物體，是外面存在的物體。這些物體有自己的表象，經感官給人一個影像。柏格森把物體和影像不要分開，物體的存在就是影像的存在。

我們人，有精神，有身體，關於精神和身體的關係，我們所知道的很少。心理生物學，強調心靈和腦的關係，認定心靈的動作，在腦裡有位置區別的神筋；例如記憶，在腦筋裡有自己的位置。柏格森反對這種學說，認爲心和腦的關係很密切，但不受空間的限制。

心的狀態與腦髓有密切關聯是不能反對的。……雖心理的事實是連帶於腦的狀態，却不能推論到心理的系列與生理的系列是並行的。……我們必定曉得這個問題是我們所研究底記憶有關係，因為記憶乃是精神與物質之交點。㉟

我們對於外物有感官的認知，認知外物的影像，影像存留在我們身內。我們對於外物有感官之知，是因爲身內有生命中心，中心有動力。

我們置身於有廣袤性的一切影像中；在這物質界我們覺有許多不限定之中心，就是生命之特徵。因為從中心放出動作，所以這些中心必於一方面接收其他影像之影響，而於他方面利用這些影響。㊱

利用影響時，對於反應有所選擇，選擇常受過去經驗的影響，因此便必訴諸記憶。我們的活動常向前進，在後面便生一空虛，記憶乃就塡滿這個空虛。

記憶有兩種形式：第一種是動作的機括，第二種是獨立的憶念。動作的機括，由身體之習慣去保留，身體接受運動而傳到於動作機括上去。第二種把時間上繼續起滅底一切影像凝集爲一。㊲

在記憶的歷程裡有三點：純粹的記憶，記憶的影像，知覺。知覺使精神與現在對象相接觸，孕有記憶影像在內，這三個歷程常結合在一起。但記憶和知覺根本不同，不覺對於過去無能爲力。純粹記憶，則過去的每一瞬間皆保留，和實際生活是離開的。

但是我們要問，記憶究竟堆積在那裡？「把他定於腦質上，在分子的變化之狀態中似過於簡單。因爲如此乃是把他當作一個容器，只要開放便可使潛伏影像流出到心意，……至於我們對於他難以理解底緣故純是由於把能含利被含之關係，未來只用於物體之集合在空間上一瞬間者，而推廣到時間上記憶之連串上。這個根本的錯誤，是由於把在連續的潮流中之綿延，變作一剎那中被切成一個橫切面底形式。」㊳

兩種記憶：一種定着於有機體上，使我們能適應於現在境遇，造成自變的反應。這種記憶更好說是習慣。另一種則是眞的記憶，與心意同一範圍，保留我們的各種狀態。心意有多種層面，自潛伏層一步一步趨於一端，成爲現實狀態，身體乃現，純粹記憶卽存在於潛伏層面裡。記憶不是從現在到過去的逆溯而成，乃是從過去到現在之順流而成。純粹記憶就是精神，知覺就是物質，現實記憶把物質和精神合一。

4. 生命活力 Vital Impetus Étan Vital

柏格森解釋時間和記憶，都講純粹時間和純粹記憶，由綿延去解釋。綿延即是生命，爲純粹不可分的時間。生命爲「生命活力」。柏格森主講宇宙內有「生命活力」，在一切物體中，作爲物體的動力。宇宙因着生命動力乃有進化。生命活力由一代傳到後一代，推動變化，宇宙乃有物種靈的進化。時間和記憶爲靈性心靈的人所有；靈性心靈的人，乃能當現實的生活。

「弗特吾人之自我存在，由綿延構成，即物質世界亦不例外，連續化，變易也，此等現象，在物質界亦復同然。……我之全體與及週圍所接觸之事物，同在綿延，以策伸展，達於宇宙全部，於今構成一整體，至是吾可斷言，宇宙在綿延。」㊴

「柏格森之進化思想，以『實在』是永遠的變易，變易是一無窮盡的長流，進化即變遷之永遠繼續，此變遷是純粹動力。」㊵此動力即是生命活力。

四、海德格的時間

存在論哲學家海德格有一本著作，名爲存有與時間。這本著作可以說是海德格思想的代表著作。哲學與文化月刊，在民國七十七年三月的第十五卷第三—四期，曾先後登載項退結教授的「存在與時間探微」上下篇，作了明確的說明。我採用他的說明，作我下面論說的資料。

海德格研究形上學的基本問題，即「存有」。他不採納傳統哲學的解釋，認爲存有不是存有者，存有的特徵是「理解存有」和「在世存有」。怎樣去理解「此有」呢？「此有」應由它的「存在」去理解它自己，因爲「存在」就是「此有」成爲自己或不成爲自己的可能性。

「存在」的解釋，應由「存在」本身去解釋，即是由親身的經驗去瞭解自己，海德格稱爲「存在的瞭悟」。再在研究時把「存在」的各種組織加以分析，則稱爲「此有的存在分析」。「存在」的分析，爲理解存有必經的途徑。這種分析由日常生活去研究，結果揭示「存在」的組織是時間性的形態，存有和時間性不能分離。海德格以爲人不是如同自然界的物體，祇是被動，人應該以行動者的資格塑造成爲自己的自我，這才是所謂「存在。」「自我」乃是眞正的「此有」，「此有」的特點爲「每一自我性」。這種特點由「存在性徵」而顯。「存在性徵」是「此有的本質在於其存在」，意思是說「此有」對於自己所「己是」的一切有採取選擇態度的可能性，或者成爲眞屬於自己的自己，或不成爲自己，或者失去屬於自己的自己。

「自我」究竟是什麼？「自我」是「此有」，「此有」的自我即他的存在。海氏分析自我存在為「自我存有」，「共同存有」與「人們自我」。

自我存有不是孤獨的存在，而是在他人之中，和他人在「關切的世界中相遇」。「此有」對「此非此有性」的事物相遇，稱為「關切」，由關切對於共同存有者的態度，稱為「關心。」因着關心，向周圍觀察或停留瀏覽，乃會發覺「世間的存有者」，後者成為被揭示者，被揭示者便是眞實，但是主要的眞實則是發覺或揭示者。

海德格把「此有」或寓有的「在」或「寓」，解釋為開顯，心境、理解與言說的三重結構。心境，顯出此有的內外情況，即是全部意識。意識包括希望、傾向、慾望、恐懼、憂慮等等，均由心境顯示，顯示的基本現象即是「此有」本身的「所為何事」及對自己的理解，也體會「此有被投擲於投思的存有方式」。對於投擲「此有」必須對自己的可能性加以抉擇。被投擲性、陷溺性與存在性三者構成的「此有」完整性，稱為「關念」(關注、掛念)，便是「此有」的存有方式。

「關念」，藉憂懼的基本心境而顯示，促使「此有」孤獨起來，意識到最獨特的自我，而有「無家可歸」的不安心境。乃對於死亡，認為每一「此有」自己不得不接受的存有可能性。這種可能性，是最屬於自己，沒有人可以代替，使「此有」與他人的關係均告消失，自身無可跨越的被投擲。

在日常生活中，「此有」在被投擲於人和事物中，發生不安的憂懼，祇注意「屬己的存有」可能性，成爲良心的呼號。然而對於良心的責任感，則由「空無的基礎」所形成。「空無的基礎」由三方面結成：被投擲性、陷溺、自由抉擇。人們聽取良心的呼喚，自作決斷，實現自己的存在。

「此有」的自己存在的「存有方式」爲「關念」，「關念」由存在性、現實性、陷溺三者所構成。「關念」的前顧，則是「先於自己」預趨於死亡的決斷。「預趨決斷」有三個去向，即「關念」的「先於自己，寓於世，且旁及世間所遭遇之存有者的存有方式」。「先於自己」指對未來可能性之投思，「寓於世」指「此有」的世界性，「旁及世間所遭遇的存有物」則指「此有」對物的關切及陷溺於物。這三個趨向，「先於自己」是到向，「寓於世」是現前，「旁及世間……」把自己帶入現前的處境。海德格把三者合在一起，形成「原初的時間」，即「屬己的時間」。

「到向」、「已是」、「現前」，代表「未來」、「過去」、「現在」。因爲海德格主張時間是「此有」在其最屬己的可能性中到回自己的到。「回到自己的將來，決斷使自己處於現前的處境，已是從將來焙托出，這樣將來從已是過程中顯出現在。這種現象具有一種一致性，從將來由已是過程中構成現在，我們稱爲時間性。」㊶

另一種時間，稱爲「通俗時間」。「此有」乃「共同存有」，即是在世存有，和周圍的人在日常生活中必須有一「共同的現在」，對工作的認定過程，因此便有公眾的時間，即是「通俗的時間」。通俗的時間以太陽的白日，作爲自然時間的衡量標準。

這種時間由「關念」所演化，以可做或可能做顯出；因此時間就是「可做」這個或那個的現在，而過去的未來的時間都被視爲過去的現在或未來的現在。

祥斯（W. T. Jones）說海德格的『存有和現在，兩者意義相連。』海德格說：「存有不是一物，但是這時間性的無，是受時間的現在所限定。」㊷

現在爲顯示（hrecencing），爲此有顯示自己。顯示自己包括給與，退回，是現出自己又掩蔽自己。海德格從存有性到本體性講「此存有」，存有性爲存有方式，存有方式以關念（關懷）而顯出，顯出乃是現在。對「公共性存有」，現在是「此有」和別人共同生活的共識標準，是實際的客體時間。在「此有」本身說，現在爲屬己的時間，「此身」投向未來的死亡，回到自己而顯出現在。這種現在乃是意境的現象，海德格講「此有」，「此有」爲具體的單有，由心理感受去講，乃講存有的方式。「此有」層己的存有方式，即是顯示自己（presenting itself），顯示自己乃是現在。

五、生命哲學的時間和記憶

上面，從中西哲學兩方面，講述了四種哲學的時間和其中兩種哲學的記憶。這四種哲學都是講動的實際單體的哲學，都可以說是講生命的哲學，和我的生命哲學有關係，從他們對時間和記憶的思想，啓發我的時間和記憶的思想。

1. 時　間

上面四種哲學對時間有一點共識，即「此有」爲動的存有，不是靜止不動的；海德格雖不明明講動，但他「此有」的存有方式由投擲，由「關念」，由回到自己，這些過程都是動的。我認爲『時間物的動性』，沒有動便沒有時間。

這一點是大家的共識，「時間由動而成」，沒有動便沒有時間。無論從自然科學或從哲學去看，時間代表動。

生命哲學以存在是動（廣義），存在是生命，生命便有時間。但是生命的意義在各級實體中不完全相同，時間和生命的關係，也就不相同；結果，時間的意義，也有差別。

甲、存在本體的時間

時間，在最普遍的意義上，代表動。它不是動，是動的特性。普通我們人，一想到動，就想到動的久或暫。動的久或暫，是一個純一性在縱面的伸張，久或暫不講動的性質，或強弱，祇是講在縱的方面的伸張，好比空間，是一種純一性在平面的伸張。

但是我們人的認識，爲心物合一體的認識，一切認識都由感官而來，都帶有物質性，便都會有「量」性。又因宇宙間的物體都是物質性的物體，物體因「量」使一分子須要在另一分子以外，不能同時在一地位，概成了純一性在平面伸張的空間。同樣，我們人認識「動」，也是把動分成分子，每一動分子不能和另一動分子在同一時間內，時間便成了純一性在縱面的伸張，時間和空間相混，時間已經空間化，時間的意義，乃是動的次序。這種時間是「宇宙時間」。

從時間的本身意義說，祇代表動，代表純粹的動，不代表先後，時間便和生命連在一起，時間代表生命。這種時間，是純粹的時間，是時間的本身。

乙、絕對的生命祇有純粹的時間

絕對的生命爲天主的生命，爲純粹的行，只有行，不動，不變。

通常我們說：天主超越時空，天主的生命不在時間空間以內；這一點是眞的，天主的生命沒有先後，沒有久暫，更沒有位置和方向。但是我們也常說：天主的生命是永久的，或永遠永恒的。「永久」的意義，聖多瑪斯說：「永恒可以相稱地定義說是無限生命的同時圓滿的具有。」(Aeternitas est intermimabilis vitae tota sinul at perfecta possessio.)㊸無限，是無始無終，沒有起點，沒有終點。因此，無限的生命沒有所謂繼續，而是同時圓滿的具有，卽同時具有生命的一切。聖多瑪斯說明永恒不是時間，永恒是同時的圓滿具有，時間則是繼續(Differt aeternitas a tempore quod caest tota simul, tempus vere successivum.)。

從時間方面說，永恒是圓滿的現在，沒有過去，沒有將來，好比一個圓周，從圓周中心點到圓周圈的各點，距離都是一樣。永恒是圓周的中心，圓周圈象徵時間，永恒對於時間，沒有前後，都祇是一樣的同時。

丙、本體的存在，具有本體的時間

本體的時間，是時間的本身，具有時間本身的意義。本體的時間代表廣義的動，即代表生命，本體的時間不能分割，不能像直線或圓周線可以分成「點」，直線由點而成。本體是純淨的動，既不分別動的性質，也不分別動的繼續。本體的時間指着物體的本體動，本體動就是存在，就是生命。

一切實體的存在，都是動的存在，都是生命。從這一點說，實體的存在，具有本體的時間。

絕對存在的天主，祇有永恒，永恒是圓滿的現在，圓滿的現在不是綿延，綿延有純一性的繼續之意義。永恒沒有繼續的意義，是同時的圓滿，是圓滿的現在，也就是圓滿的本體時間。

相對存在的實體，有精神體，有物質體，有心物合一體。精神體的天使所有的存在，有始、無終，沒有變化。天使的存在是綿延，不是圓滿的現在，含有繼續的意義，但不能分割，不能和空間相合。所以天使的存在，具有本體的時間。

聖多瑪斯在永恒和時間之中，主張有「時代」（aevum）。永恒爲絕對存有的計時，「時代」爲精神體的計時，時間爲物體的計時。「時代」有始沒有終，本體不變，動作如理智認識和情感，則有前後。聖多瑪斯說明「時代」分有永恒和時間的部份意義（aevum ipsum est medium inter aeternitatem et tempus, utroque participans)。[44]精神體天使的存在，有始無終，本體不變，動作有變，稱爲「時代」。這種「時代」，乃是綿延。

人爲心物合一體，人所有存在，就是心物合一的存在，人的生命也是心物合一的生命，而且是在宇宙萬物間的生命，宇宙萬物爲物質體，人的生命便共有「宇宙時間」。但是人本體的存在，從本體的意義說，則具有本體的時間，因爲本體存在爲生命，生命是內在的動，從內在的動在本身上說，不表明動的性質。祇表明動的意義；因此，便有本體時間。人的靈魂在人活的時代，和身體共有「宇宙時間」，在人死以後，靈魂單獨存在。靈魂的存在和天使的存在，性質相同，存在的計時，便是「時代」。

宇宙的萬物，同樣也都具有本體時間。

丁、宇宙時間

宇宙時間，爲宇宙萬物的計時，有始有終，有前有後，分爲過去、現在、將來，常會有繼續性。

宇宙萬物爲物質體，都由份子構成一份子在一份子之外，本身就含有空間性。物質體動時，發動力由一份子到另一份子，於是物質體的動，有前有後。祇有人的靈魂，因爲是精神體，乃同時遍佈整個身體。再者，物質體的變化，由潛能而到行（成，現實），也有先後，因爲物體的潛能，不能同時都變爲行。宇宙萬物的存在，本身就在時間之中，不僅有「本體時間」，而且也有「宇宙時間」

宇宙時間用爲計算先後，計算的標準，應該用另一種單純的繼續動，例如中國皇宮用銅壺漏水計時。但爲全世界同一個時間，則必須用全世界的單純的繼續動，這就是用地球和太陽的關係，以往認爲太陽繞着地球轉，現在肯定爲地球繞着太陽轉，這種轉動爲整個人類世界是同一的，是公共地，所以陽曆陰曆便用爲人類計時標準。這並不是如同柏格森所說，因爲白天有太陽光，人們可以運作，因而用太陽作計時的標準。

再者，爲計算「宇宙時間」，計算標準是單純一致的動，而且還是循環的動；因爲地球的運動是循環的，有白天黑夜，有一年四季，若計時標準是單純一致的向前運動，就無法標明事件發生的時間。例如中國的銅壺漏水法，祇能計出一天一夜的時間，不能計出日數月數和年數。至於曆書的作法和準確，則是科技問題。

戊、時間祇有現在

「宇宙時間」分爲過去、現在和將來。聖奧斯定說明這種分法，實際上不能成立，因爲過去已經過去，已經不存在，將來則還沒有到，也不存在，所存在的就祇有現在。聖奧斯定說：「過去應當是記憶，將來應當是期望，兩者都是心靈的思念，不是客觀的實在。」

時間，無論「本體時間」和「宇宙時間」，不是客觀的實體存在，而是實體的特性。「永恒」是絕對實體的特性，「時代」是相對精神體的特性，「時間」是物質體的特性，絕對實體不含有附體，所有特性就是他的本體，因此，永恒就是他的本性本體，乃是圓滿的現在。「時代」爲相對精神體的特性，精神體雖動，但是不變，衹有工作有先後；精神體的存在，乃是綿延，綿延不能分割，沒有時間的先後，而是一個單純的現在。宇宙萬物含有先後的時間性，因爲本體爲分子所構成，本體是「量」；所以「宇宙時間」常是空間化的時間，就是量化的時間。物質的量，使一分子和另一分子不能同時在同一地位，也使一動和另一種不能在同一時間內。實體的構成分子，同有實體的存在，雖不能同在同一地位，但能在不同地位而同時存在，變動則衹有當前在進行的變動，附在實體的存在上；過去的和未來的，則實際不存在。所以變動的特性，是當着變動進行，表現自己存在；變動的存在，爲分割性的繼續存在。能分割的，或說分割所表現的是當前變動的存在；這種存在爲現在的存在。因此「宇宙時間」也衹有現在。

「宇宙時間」的現在，雖是當前「變動」的時間，但是變動所有存在，是附加在實體的存在，實體的存在爲本體的存在；因此，當前變動的存在，表現爲變動的現在，這種現在仍舊是「本體時間」的表現，就如本體的存在，表現爲當前變動的存在。過去和將來則是心靈上的意念，如同聖奧斯定所說是記憶和希望。為標記每人生命的時間，也不是「宇宙時間」，而是「本體時間」；因為一個人活了多久，把一生的時間綜合起來，「宇宙時間」不能結合，「本體時間」則綿延不斷。

2. 記憶

聖奧斯定很看重記憶，在記憶中看見天主，在記憶中看見自己的生命。時間，即「本體時間」，標出每個人的生命存在綿延，是一種單純的標記。記憶則是實際上顯示每個人的生命，顯出每個人的存在。

甲、記憶留在心靈上

柏格森反對心理學以頭腦為人記憶的根基，反對心理學標出那一部份為記憶的倉庫。柏格森說是錯誤地把容器和容納運用到記憶。柏格森認為記憶是在人心靈內。

現在心理學確是常把腦神經區劃為記憶神經區，這一區受傷，人的記憶就受傷。但是在學術上是講不通的。腦神經怎樣保留記憶呢？神經是物質性，物質性的神經就有量性，有量性則不容一份子和另一份子同時在同一地位，雖然可以說神經的量性可以容納印象，就如照像的膠捲，可以接收照像物體的印象。可是膠捲祇能接收一個印象，若加上第二個第三個印象，膠捲的印象格本就沒有了，變成了一團糟，什麼都分不清楚了。人一生的記憶，百千萬個怎麼可以容在神經內，還有不是感量的印象，即理智的知識，情感的愛恨，這些記憶怎麼可以容在神經內呢？記憶是以心靈爲根據，記憶是留在心靈裏。荀子曾說心虛而靈，可以容納無限的知識。人的記憶是留在心靈中，腦神經是記憶的使用器官。就如人的理智工作運用腦神經一樣。

乙、記憶不是人的自我

西洋當代哲學研究人的位格，講論我的一致性，我爲什麼常是我？不分年青時的我或老年的我，我常是我。學者中有人主張我的一致性乃是記憶，我因着記憶，乃能使能常是同一的我，失去記憶，便失去我。這在心理學上事實可以是這樣，在哲學的本體論就不能這麼講。實際上失去記憶的人，他仍舊是他自己，是他自我。記憶是人的一種工作，一種才能，不是人的本體。人的自我，乃是人的本體。

丙、記憶代表人的生命

人的生命是一種綿延，不是一種圓滿的現在。人的生命綿延，在於繼續的動，在於不停的變化，身體本體在繼續變化，心靈的活動也繼續在變化。時間的綿延祇說生命繼續在動，不說生命有什麼變化，在實際上把生命綿延的繼續變化，乃是記憶，記憶把人一生的變化連繫起來，結成一貫，爲生命的實際綿延。每個人的生命在記憶中，實際連結起來，前後一貫，前後分別清楚；失去記憶的人，他的生命所有變化不能連結。他的生命變成了「宇宙時間」，祇有當前的現在，生命就割裂了。記憶的可貴，就在這裏。

丁、記憶不僅是心靈的意念

聖奧斯定似乎認爲過去的時間已不存在，過去的事也不存在，祇在人心靈內。西洋現代歷史哲學唯心論者，認爲歷史的史事已經過去不復存在，研究歷史的人在自己心中回想已往的事，歷史祇在研究的人之心中，歷史完全失去客觀性。

過去的事已經過去，但在當時確實存在時間過去了，事實倂不因此就消滅了。因此，記憶是把已有的事，在時間上再變成現在，可是這個現在不是我腦子隨便想的，任意造的，而是把已往的事重新現出來。所以記憶不是心靈的空想，而是已往事實的重現。所重現的是往事的觀念，是已往人生命的現在，這個現在重現在回憶者心靈的現在。

生命，即是內有自動的存在，內有自動表現於外，有存在的變化。聖奧斯定在靈魂的量(De quantitate animae)的書裏，曾說身體有自身的變化，靈魂則沒有自體的變化。身體爲物質，物質的動常產生變化。物質變化必有先後的次序，因此物質體的存在，乃附有時間，時間紀錄變化，代表存在。精神性的實體有內在的動，卻沒有自體的變化，自體不附帶時間性，而是圓滿的現在，或是綿延的「時代」；然而本體是生命，是活動，便也有代表廣義的動之時間。這種時間，是不是時間的時間，即不是宇宙時間，沒有先後，祇有現在；所有現在，或是圓滿的現在，或是綿延的現在，即是本體時間。

註

❶ 王船山　春秋世論。
❷ 王船山　周易內傳，豫卦。船山全書，嶽麓書院出版，第一冊，頁一七九。
❸ 同上。
❹ 王船山　周易內傳，遯卦。船山全書第一冊，頁二九〇。
❺ 同上。
❻ 王船山　周易內傳，姤卦。船山全書第一冊，頁三六〇。
❼ 同上。
❽ 懺悔錄　應楓譯，光啓出版社，頁二〇五。
❾ 同上，頁二一二。
❿ 同上，頁二一四。
⓫ 同上，頁二一六。
⓬ 同上，頁二三一。
⓭ 同上，頁二三六。
⓮ 同上，頁二三〇。
⓯ 同上，頁二六三。

⑯ 同上，頁二六四。
⑰ 同上，頁二六六。
⑱ 同上，頁二七一。
⑲ 同上，頁二七四、二七五。
⑳ 同上，頁二七八。
㉑ 同上，頁二八一。
㉒ 同上，頁二八二。
㉓ 柏格森 形而上學，頁一，啓明書局印行。
㉔ 同上，頁八。
㉕ 同上，頁十。
㉖ 同上，頁十七。
㉗ 同上，頁二六。
㉘ 柏格森 時間與意志自由，潘梓年譯，頁九一，先知出版社。
㉙ 同上，頁九八。
㉚ 同上，頁一一〇。
㉛ 同上，頁二五六。
㉜ 同上，頁二五七。

㉝ 同上，頁二六二。

㉞ 柏格森 物質與記憶，張君譯，頁十五，先知出版社。

㉟ 同上，頁一九—二〇。

㊱ 同上，頁九二。

㊲ 同上，頁一一〇。

㊳ 同上，頁二三二。

㊴ 吳康 柏格森哲學，頁二七，臺灣商務印書館。

㊵ 同上，頁一一七。

㊶ M. Heidegger, Being and time. Translation by J. Macquarrie and E. Robinson. p. 374.

㊷ W. T. Jones. A. History of Wertern Philosopley. vol. V. p. 322 Harcout Bsace Tovanowich Tnc.

㊸ S. Thomas, Summca theologica I. q. X. a. I. c.

㊹ 同上，I. q. X. a. 5. c.

六、生命哲學融會中西哲學思想

一、儒家的生命哲學

中國哲學在傳統裏稱爲儒釋道三家，傳統的中國哲學則以儒家爲正統，中華民族的文化乃爲儒家的文化。

儒家哲學的目標，和道教佛家的目標一樣，在於講人生之道。古人研究哲學稱爲求學，求學的目標，如荀子在「進學篇」所說，開始爲求作君子，最後在求爲聖人。朱熹後來也用同樣的話，說明此學的目標。

人做人之道，就是「人道」，「人道」在易經的易傳裏說是來自天地之道，「繫辭下」第十章說：「易之爲書也，廣大悉備，有天道焉，有人道焉，有地道焉，兼三才而兩之故六。六者，非它也，三才之道也。道有變動，故曰爻。爻有等，故曰物。物相雜，故曰文。文不當，故吉凶生焉。」三才，爲天地人，天地人代表宇宙萬物。

三才之道，以爲變之道；宇宙萬物都在變，故易經講宇宙之道，稱爲易，易爲變易。易傳「繫辭上」第五章說：「生生之謂易。」宇宙萬物變化之道，目標是爲化生萬物。

1. 形上生命哲學

易經講宇宙，由「變」去講，西洋希臘亞里斯多德講宇宙，也由「變」去講，但是講法不同。亞里斯多德看宇宙爲物質，乃由物質方面去講「變」；雖然人有精神體的靈魂，然而人的靈魂和身體合成一體，人的變動也是物質性的變。亞里斯多德講宇宙便從物質的動去講宇宙。中國易經講變，則從形上本體論去講。西洋形上本體論講「有」，以「有」爲萬有的最後根本。「有」是什麼？從本體的性質沒有可講，因爲一切都是「有」，「有」是最後的觀念。中國易經的形上學講「在」，萬有都要是「在」，不在就不有。「有」和「在」不能分離，實有由「性」和「在」所構成，西洋形上學講「安置」由性去講，中國儒家形上學由「在」去講。「在」是什麼？易經設「在」是變易，宇宙的萬有都是變易，變易爲生生，宇宙萬有都是生命。

生命是什麼？生命是實體的內在的動。宇宙萬有都有內在的動，內在動由陰陽而成。易傳「繫辭上」第五章說：「一陰一陽之謂道，繼之者善也，成之者性也。」陰陽爲變化之道，變化繼續不停，變化所成的爲物體之性。成了物性以後，陰陽在物體以內繼續動，物體乃變化不停。例如人，從出生到老，沒有一刻不是在動，不是在變，不動就不活了，不活就不存在了。人的存在就是活，活就是動，動就是變。所以「在」是變動的「在」，也就是生命。「在」是生命，「在」是本體的「在」，「在」的變動，乃是本體的變動。王船山曾經主張『命日降而性日生』（尚書引義　卷三）又主張宇宙萬物的變動不說為生滅，祇說往來屈伸。「故曰往來，曰屈伸，曰聚散，曰幽明，而不曰生滅。生滅者，釋氏之陋說也。」（正蒙註　卷一）

易經講宇宙變化的規律，為循環不息，復卦在六十四卦裏非常重要。乾坤是元，「大哉乾元，萬物資始。」「至哉坤元，萬物資生。」復卦的彖辭說：「反復其道，七日來復，天行也。利有攸往，剛長也；復其見天地之心乎。」朱熹註說：「積陰之下，一陽復生，天地生物之心幾於滅息，而至此乃復可見。」

宇宙有大化流行，化生萬物，長流不息。有理學家主張大化為氣，有理學家主張大化為理；王船山註解張載的正蒙，就以太和的太虛之氣，有不息的大化能力。

宇宙的變化，由陰陽五行而成。陰陽五行的變，常有自然的平衡，易經乃講中正，陰陽符合時間空間的環境。一年四季的變化俱為化生萬物，尤其為化生五穀，四季變化應合於五穀的生長，春生夏長秋收冬藏，須要風調雨順，寒暑得其宜。

2. 倫理的生命哲學

天道地道規律著宇宙的變化，人道規律著人的生活。宇宙對人的生命最有關係的，是一個「通」字。

宇宙爲一個實體，宇宙的生命是一個。宇宙萬物的生命合成宇宙的生命。宇宙萬物的生命乃彼此相通。宇宙間沒有單獨生活的物體，物體的生命都是彼此相連。山林的土和苔草灌木相連，再和大樹相連，林中的鳥和獸又和土，草、樹木相連。山林的空氣和鄉間的空氣互通，鄉間的空氣又和城市的空氣相通。天上的雨，下到高山深林，結成水源，流入平原；高山的地下水道，上流不息，流成江河。人爲宇宙生命裏最高者，人享受萬物的供應，王陽明在「大學問」曾講一體之仁，卽一體的生命。

萬物的生命，不僅互相連接，而且互相幫助。例如山林中的土壤幫助苔草生長，苔草幫助野獸生長。野獸的排洩物又幫助土壤生草。土壤幫助樹木，樹木的落葉又幫助土壤積水。人爲生活，王陽明說要吃動物的肉和植物的菜和菓，又要吃礦物的藥石。一個物體的生存，需要宇宙萬物的助力。因此，若宇宙一方面受到汚染，整體宇宙就要受到傷害。孔子和孟子已經就主張打魚打獵，須要按照魚、鳥，獸生殖的時期，加以禁止。

天地化生萬物，儒家稱爲天地好生之德，易傳「繫辭下」第一章就說：「天地之大德曰生」。朱熹曾說：「天地以生物爲心」。生是仁，仁是愛生命，孔子以仁爲他的一貫之道，朱熹以人得天地之心爲心，故仁。孟子乃說：親親，仁民，愛物。張載在「西銘」中說：「乾稱父，坤稱母，民吾同胞，物吾與也。」這就是儒家的大同思想。儒家的仁愛，遍及萬物。

儒家仁愛的最重要表現，乃是孟子所說的「親親」，即是孝。儒家的孝，以生命爲基礎，也以生命爲範圍，兒子一生應該孝敬父母，在橫的方面，兒子一生的事情，都歸於孝：好事是孝，惡事是不孝。「大孝尊親，其次勿辱，其下能養。」兒子一生從少到老，又無論地位怎麼高，就是皇帝，對於父母都要孝敬。有老萊子七十娛親的故事，有皇帝對於母后，常自稱皇子。父母去世後，兒子仍舊要「事死如事生」，祭祀父母和祖先。這是因爲父子一體，兒子的身體，是父母的遺體，兒子的生命，是父母生命的延續。所以說「不孝有三，無後爲大」。

還有儒家的報應，不在於人的身後，而在於家中的子孫。父母行善，爲子孫積福。一個人得有名位，常說托祖宗的福。一個人行善作惡，不一定自己受賞罰，他的子孫將受賞罰。這也是國家族的生命相連。

儒家生活的最高境界，在於和天地同德，達到天人合一。和天地同德則是贊天地的化育，易經「乾卦文言」說：「夫大人者與天地合其德，」德就是好生之德。中庸第二十二章乃講盡性，人盡自己個性則盡人性，盡人性則盡物性，盡物性則贊天地的化育。儒家的聖人就是與天地合德，贊天地化育的人。中庸稱讚孔子：「萬物並育而不相害。」（第三十章）稱讚聖人：「大哉聖人之道，洋洋乎發育萬物，峻極於天。」（第二十七章）

因此，現在研究中國哲學的學者，都指出生命的思想，爲中國傳統思想的中心思想，從古到今，一貫流傳。熊十力以佛教思想和易經思想講生命哲學，他說：「大哉易也！斯其至矣。」❶

方東美教授說：「中國哲學的中心是集中在生命，任何思想的系統，是生命精神的發洩。」❷

牟宗三教授說：「中國哲學從它那個通孔所發展出來的主要課題是生命，就是我們所說的生命的學問。」❸

梁漱溟先生說：「這一個生字是最重要的觀念，知道這個就可以知道所有孔家的話，孔家沒有別的，就是是順著自然道理，頂活潑頂流暢地去生發。」❹

二、新生命哲學

1. 士林哲學的宇宙論

士林哲學的名詞，就等於中國的儒家，士林哲學（Philosophia scolastica）的「士林」拉丁文爲Scolastica，來自學校，翻譯爲士林，也就是儒家。士林哲學在歐洲的歷史，也有點像中國的儒家，爲歐洲的傳統哲學。

士林哲學的宇宙論，接受亞里斯多德的宇宙論思想。宇宙論研究「物體」。「物體」由元形（Forma）和元質（Materia）兩元素構成。元形成物性，元質稱物質。物體的成，都由變而成。

變有內變和外變：內變是物體自力內部的變，以成自體的發展，聖多瑪斯稱這種內變為生命。⑤外變是物體因外力而變，可以是質變，可以是量變。

物體的變，都是由「能」而到得「成」；沒有能，不能有成。譬如說：扶著狗不能上樹，或緣木而求不到魚。

物體的變有四種：本體的變有「生」和「滅」，附體的變有「質變」和「量變」。由「能」而到「成」的過程，稱為「行」（actus）；成也稱為行。沒有能而祇有成，則稱為純粹的行（actus purus）。純粹的行，祇是絕對實有體的行，就是上主天主的行。

這一系列的有系統的說明，構成士林哲學的宇宙論。宇宙論和論「有」的形上本體論相連，但不屬於形上學。

中國易經講宇宙，以「易」為中心觀念，「易」是「變易」。易經講「變易」不祇從宇宙物體變動去講，而是從宇宙物體的本體去講，以本體的「在」（存在）是「變動」，稱這種變易為生命，「生生之謂易。」（繫辭上第五章）

2. 融會中西哲學而成新的形上生命哲學

通常研究中國哲學的人，常說儒家沒有形上學；我則總以為若沒有形上學，儒家哲學就沒有基礎，怎麼能傳了二千年？易經的宇宙思想，就是儒家的形上學，後來更有宋明理學的形上思想。把儒家的形上思想和西洋的形上學比較，驟看，有點看不見儒家形上思想的形上意義；但深入去研究，則可以見到易經形上思想的深奧。易經以萬有都由陰陽而成，宇宙爲一本體，宇宙本體爲陰陽；萬物各爲一本體，也各有陰陽。陰陽在宇宙內常變易，以化生萬物。每一物體的陰陽也繼續變易，使物體成長。這種變易是本體的變易，稱爲生命。

士林哲學的形上學，研究「有」，「有」是什麼？從「性」上去講，「有」爲最單純的觀念，沒有意義可講，祇能講「有」在存在時的關係。易經講「有」，則從「在」上去講，「在」是變易，易經沒有講變易的意義，我們拿士林哲學的變易思想，去解釋易經的變易，便成爲形上生命哲學的基本思想。

宇宙萬物都是動，沒有靜止的，這是中國傳統哲學的主要思想，西洋當代哲學也有這種思想，如柏格森的哲學和懷德黑的思想。士林哲學主張有生物是自動的物體，無生物則不動；但是生命是自動，乃是士林哲學一貫的主張。

當代新的物理學，以動力爲主要觀念。宇宙爲一無限大的動力，各種物質都是動力。新物理學已不主張有靜態的質，而主張以動力代表物體的質，物體的分別，建立在動力的量，能量轉成爲物質。哲學的宇宙論應該和物理學相應，中國傳統的動態物體論，跟新的物理學不相違背。

易經的變易，由陰陽兩元素而成，陰陽在宋明理學爲陰陽兩氣。氣和陰陽的思想，因名詞過於物質化，在現代不適宜採用；士林哲學有元形和元質的觀念，元形和元質和朱熹的理氣觀念很相近，我們不妨以陰陽和元形元質互相融合，物體變化的兩種成素更能抽象化。

宇宙和萬物的由來，儒家哲學沒有明明解釋，易經說易有太極，以太極爲宇宙變化的開始點，張載以太極爲氣之本體，稱爲太虛之氣。太極或太虛之氣由何而來？易經沒有說，張載也沒有說，理學家傾於自然而有或自有的主張。理學家的主張，來自魏晉南北朝時融合儒道的傾向，使儒家接受了老莊的自然思想；原先書經和詩經，有「天造神物」的造物主觀念，中庸的「天命之謂性」，應該是上天之命成爲性，理學家則以「天」爲自然。我們發揮儒家本有的造物主思想，按士林哲學所說：以宇宙爲上主造物主所造，上主用自己的創造力創造宇宙，宇宙乃一大創生力，宇宙繼續變動，乃繼續化生萬物。這種思想既不違背儒家的本有思想，而且予以發揮，使儒家不變成道家。

造物主以創造力創造了宇宙，宇宙爲一創生力，宇宙創生了有宇宙的質，有宇宙的理，質爲造物主所造，理則是造物主創造宇宙的理念。宇宙的萬物，因宇宙創生力的動，化生適合環境的物體，每一物體的質，取自宇宙的質，每一物體的理（性），由創生力接納創造力所輸送造物主創造這一物的理念。每一物乃有自己的理和質，又有自動的創生力。創生力常動，每一物體也就常自動，都具有生命。生命的程度不同，礦物的生命祇有內在元素的動，在外不能顯出，植物和動物的生命則分高低各級而顯。人的生命爲宇宙生命最高級。人的生命爲心物合一的生命，孟子曾說人有大體和小體，大體爲心思之觀，小體爲耳目之官。儒家講心靈，卻不講靈魂；雖講魂魄，卻不講明魂的性質。我們拿士林哲學對靈魂的解釋，說明靈魂爲精神體，爲造物主所造，既造，就永恒存在。

靈魂的工作，如荀子所說：能知，能主宰。關於知識問題，儒家大學講致知格物，宋朝朱熹和陸象山對致知格物大作辯論。儒家以人的知識是在求知作人之道，作人之道在於「率性之謂道」，性爲理，理在人心。人爲求知，反心自向，就可知道。朱熹雖主張格物，然不是求知物之所以爲物之理，而是求知物和人的生活的關係。儒家的知識論，便沒有西洋哲學知識論的主客兩方有鴻溝的問題。但是人的知識，尤其在科學的時代，絕對不能限制在作人之道，哲學和自然科學都在求眞理，求知物的本性。因此，我們要用士林哲學的知識論，擴充儒家的知識論，除知道自心的天理良知以外，也要知道外物的理；而在主客中間，不能設一鴻溝，靈魂的認知力自然可以使主客相結合。

西洋哲學的知識論，以知識祇是抽象的共同觀念，對具體的單體，不能有學術的知識，祇能有具體的描述。但是當代的西洋哲學因自然科學的發達，乃轉向具體的單體，如存在論的海德格，如實物論的懷德黑，還有其他的學派，都以具體的「我」，作爲哲學研究的對象。中國儒家哲學從「在」方面去看萬物，常是注意具體的單體。然而講論的方法，是直接體驗，不加分析，一切都很籠統模糊。我們拿士林哲學對單體的構成思想，補充朱熹的理氣思想使單體研究爲一學術研究。

荀子說：心能主宰。主宰則有自由，有自由便有行爲的倫理，有倫理便有善惡。儒家對於善惡有兩大問題：一是性善性惡的問題，一是中庸所講的未發和已發問題。這兩個問題，可以說是朱熹哲學的中心問題。朱熹把兩個問題都拉到本體論，以氣質之性有善惡，以未發爲性已發爲心，後未又改以未發屬心，已發屬心之動的情。但是這樣不單沒有解決問題，反而使問題變成更複雜。

儒家對於善德，分爲仁義應智信，從易經到宋朝理學，常由陰陽五行去解釋；這樣又是把問題拉到本體論。

我們以士林哲學的思想，以善惡和善德，都是倫理方面的問題，不要混入本體論，雖然和生命相關，善和善德發展人的生命；但不是人本體的構成元素。

儒家哲學的最後終向，在於天人合一。人的生活和天合德，贊天地的化育。中庸特別發揮這種思想，讚揚聖人的精神：「洋洋乎發育萬物，峻極於天。」（第二十七章）朱熹也說人得天人得天地之心以爲心，故仁。仁爲孔子一貫之道，也爲儒家道德的總綱。士林哲學雖不講修身和精神生活，然而聖多瑪斯，聖文都拉，聖亞爾伯，都以士林哲學和神學相連，講修身，講精神生活的終點，與天主相契合。我們用這種合理的講法，發揮儒家的仁道，以達到至善的止點。

這樣說來，形上生命哲學，以中國儒家傳統的生命觀，作哲學系統的主幹，用士林哲學的形上思想和倫理思想，以及宗教思想，予以發揮，結成一個系統，其能連接中國的儒學傳統，解釋舊觀念，加以新的意義，和現代的科學相應合，成爲現代的儒家哲學。

三、結語

大家都知道明末清初的天主教傳教士，把自然科學的知識，帶進了中國。天文曆數，地理測量，建築工程，音樂繪畫，天主教傳教士留下了豐富的遺產。尤其在建設天文臺和繪畫中國輿圖的工作，貢獻非常大。

但是在哲學方面，也有了相當的成就。

第一册西洋哲學書譯成中文，爲傅汎際同李之藻合譯的名理探，名理探爲詮釋亞里斯多德的理則學書，傅汎際於明天啓七年（公元一六二七）翻譯。原本三十卷，所譯的爲十卷。後有南懷仁的窮理學，共六十卷，於康熙二十二年八月二十六日進呈御覽。傅汎際又譯寰宇詮六卷，爲亞里斯多德的宇宙論。利類思譯聖多瑪斯之「超性學」的第一部分，名超性學要。畢方濟口授，徐光啓筆錄的靈言蠡勺，成於明天啓四年（一六二四）。高一志譔寰宇始末，艾思及譯性學描述。這些書當時有付印的，有手抄的，流傳頗廣，我國學者方以智和王船山都受影響。民國初年，馬相伯爲震旦和復旦兩大學編寫致知淺說，介紹希臘亞里斯多德和聖多瑪斯的哲學思想，當時蔡元培和于右任都爲馬相伯的弟子，曾研究致知哲學。民國以來，教育部禁止學校講宗教，士林哲學和神學相連，大學研究哲學的人都不研究士林哲學，惟獨天主教培植教士的傳統則專門研究。政府遷到臺灣以後，輔仁大學於民國五十年在臺北復校，復校時祇有哲學研究所碩士班，民國五十八年增設哲學研究所博士班，當時爲全國唯一的哲學博士班，臺灣各大學所有哲學教授多爲輔大哲學系或哲學研究所的畢業生，書局的士林哲學介紹書亦多有。士林哲學對臺灣哲學頗有影響。形上的生命哲學，以士林哲學的思想補充儒家哲學的生命觀念，又不受士林哲學的限制，確實具有融會中西哲學的效能，使儒家哲學進入現代國際哲學的境界。

❶ 熊十力　體用篇，頁二三八。臺灣學生書局

❷ 方東美　方東美演講集，頁七九。黎明出版社

❸ 牟宗三　中國哲學十九講，頁十五。臺灣學生書局

❹ 梁漱溟　中西文化及其哲學，頁一二一。

❺ S. Thomas, Summa Theologica. I. q. XVIII. a2. c.

二、生命的意義

七、生一生命是愛

天涼氣爽，遊人稀少的初春季節，走在陽明公園的園徑上，茶花滿樹紅苞，杜鵑叢叢鮮瓣，老楓添上嫩葉，鮮苔換了新綠，幾隻黑蝶穿花飛翔，處處滿是生意。我的脚步雖然老弱，心靈卻淸新活潑。歷年習慣在輔大的靑年學生中生活，從來沒有感覺自己的耄老年齡，走在佈滿生意的陽明公園路上，竟自覺生命仍在發展。

從陽明山下來，汽車走入臺北市區，樓房蔽天，煙氣薰地，汽車馳驟，行人趕路，混濁氣流，衝昏人的頭腦。然而目不暇接所看見的，各種顏色形式的商品，都是人所創造。在城市裏，生命像一鍋熱湯，繼續鼎沸，滾的冒煙冒氣。

在陽明山公園，面對生命的發展，覺得樹木花草很可愛。在臺北市的街頭，衝着生命的活力，感到人和人在爭着成長。

生命是活的，不停止地向前；一停止，生命就消失了。生命是動的，常常在動作；一不動作，生命就衰落了。生命是創造的，繼續地製造新的事物；一不創造，生命就萎縮了。

創造的、前進的、發展的生命，來自絕對眞美善的造物主。造物主用自己的神力創造了宇宙，宇宙是活的，是演變的。宇宙大得無法計算，神奇莫測；宇宙小得肉眼難見，細小花草的生命，美妙驚人。人的生命，是分享造物主的生命，永恒存在，靈性不斷發展。這一切都是造物主的愛的表現。

人的生命，造物主經由人的父母而出生，人的生命出生，稱爲父母愛情的結晶。出生以後，父母以愛心懷抱他，以愛心撫育他，他的生命是在愛心中成長，也要是在愛心中發育才能夠成全。

人的生命在團體中發展，首先在家庭的團體中，發展天倫之愛；繼續在民族團體中，發揮民族的愛；又在自然宇宙中，推廣對萬物的愛心。如同孟子所說：親親、仁民、愛物。

人和家中親人，血脈相連；人和民族同胞，生命相共；人和宇宙萬物，生命相通，沒有家中親人的愛，人就成爲鰥寡孤獨。民族同胞相爭相恨，人便變爲無義的禽獸。殘暴自然宇宙的萬物，人將死於自然界的反撲。生命要有愛心，才能欣欣向榮。

本來虛無，由造物主得到生命的禮物，人將永世常常生存。發展心靈的各種能力，永遠欣賞絕對的眞美善。

現生當然有困苦，當然有阻難。困苦和阻難乃是生命成長的飲食，吃苦才知幸福的可貴；遇到困難，才能體驗成功的快樂。

生命是造物主的愛，是親人同胞的愛，該當是本人的最愛。愛自己的生命，有了生命力能創造，乃能建業，乃能欣賞眞美善。愛惜自己的生命，也要愛別人的生命；要自己的生命好，也要使別人的生命好。社會洋溢着愛心，人的生命如魚得水。

曾載於益世評論　民國八十一年十一月一日

八、婚姻—常學習　常相愛

十一月二十二日耶穌君主節，沈春華女士與胡鎭康先生在聖家堂舉行婚禮彌撒，我主禮，在彌撒中證道，又在凱悅大飯店酒會致詞。

一、證道詞

婚姻爲人世間一件大事，禮記上記載，有人問孔子，爲什麼婚禮要那麼隆重，孔子答覆說：「婚姻結兩家之好，繼百世之祀。」當然要非常隆重。我們天主教看重婚姻爲一件聖事，爲一件神聖的大事。

第一、因爲是天主—造物主所規定的。爲傳生人類的生命，造物主天主在造人的時候，規定人類的生出由一男一女結成夫妻，造生人類的新生命。這一點，在聖經的「創世紀」曾有記載，在新約的福音傳裏，基督自己也說過。婚姻是天主造物主所規定的，當然是件神聖的事。

第二、因爲人的生命是神聖的。造物主創造宇宙萬物，創造了一道生命的洪流，整個宇宙就是一個生命，這個生命長流不息。中國儒家乃說一體的生命，人的生命和萬物的生命相連。但是人的生命最高最貴。宋朝朱熹曾經說：「人得全部的生命之理，萬物各得生命之理的一部分。」天主教的聖經在「創世紀」裏說：「天主按照自己的肖像造了人。」人乃有精神的生命。人類的生命由父母所生，父母新生的新生命，在身體方面須要父母的撫養，在精神方面須要父母的教育。造物主乃規定婚姻是一男一女的長久結合，人不能分離。人的生命既然是高貴的，而且是相似天主的生命的；婚姻傳生人的生命，養育人的生命，婚姻當然是神聖可貴的。

第三、人的生命由男女結合成一生命，乃得圓滿發展。造物主造人，造了一男一女，男女的身體和心理、性格各有不同。中國古書常說宇宙萬物由陰陽兩氣相合而成，人的圓滿生活也由男女相結合而成。男女各有長處，各有短處，兩人互相結合，以一方之長，補一方之短，兩人的生活便能正常發展。婚姻便是男女兩方發展生活的圓滿途徑，便也是神聖可貴。

婚姻既是神聖可貴，傳生新的生命，圓滿發展夫婦的生命，責任和困難一定很多很重。基督爲幫助夫妻承當這種責任，勝過這些困難，立定了婚姻恩寵，賜給新婚夫妻，協助他們一生愉悅地負起婚姻責任向前走。

我今天求天主耶穌，豐富地賜給你們兩位婚姻恩寵，祝福你們一生享有愛的結合，擁有圓滿天倫之樂的家庭。

二、在酒會致詞

今天來參加婚禮的貴賓，大多數是電影電視新聞界的人士，因為新娘是一位有名的傑出電視新聞的主播者，在中視的電視晚間新聞裏，常看見主播沈春華小姐，儀態端莊且美麗活潑，播出的內容充實又廣泛深入，大家對於沈小姐都非常看重。

在今天的婚禮上，我就祝賀新婚夫婦一生「常學習，常相愛」。你們兩位把婚姻生活，每天看做一件新事，用採訪新聞和編輯新聞的精神，要把每天的生活變成新的生活，不把每天的生活看成習慣，更不要把彼此的愛情作為已有的事。每天彼此相對，像是初次見面，彼此追求更能認識，更能了解對方；彼此追求以新的方式互相表現愛情，愛情不會退化，生活不會老化。

人的心非常奇妙，不但多變，而且非常深。變得不能被人追到，深得不能看到底。你們兩位雖然認識已久，彼此了解也很清楚，但是彼此所不認識的必定還多，而且將來的變化也不少。要緊的是每天不斷學習認識對方，了解對方。另外，愛情又是非常神妙，很可能不被人常常握緊，必須每天去學習掌握的方式。

我便以「常學習，常相愛。」兩句話，贈送給你們。

曾載於教友生活　民國八十一年十二月三日

九、老—學到老　愛到老

我曾經在天母公園附近，早起清晨，遇到陳立夫先生夫婦慢慢散步，上個月在臺北第一殯儀館向參加夫人殯禮的立夫先生致意。我心中想這兩位老人，眞是愛到老。年青時因父老之命結了婚，年齡相等，而能白頭偕老到九十三高壽，互相親愛。這種相愛，是時時學習相愛，時時感到新鮮，而不是摩登青年們以結婚爲愛情成熟點，以後的歲月，便是結果，然後落葉枯萎。

我自己是獨身，我愛哲學，從二十五歲就開始教中國哲學思想，到現在八十一歲滿，教了五十六年，仍舊每週授課。自校長職位退休，每天在家按時間看書，按時間寫作，看的是新書，寫的是新作，天天「趣味盎然」，絕不以爲「老之已至」。

我自己是主教，主教是獻身於基督而又負責代表基督傳道的人，雖說精力不足，職位退休，但是愛基督愛教會的愛，在每天長時的祈禱裏，常是加熱，常是新鮮，常求新的動作。

老年人不像一根枯木，卻像一株冬天落葉的樹。青青的葉子，被歲月的時間凍壞，被冷風吹落了，樹幹裏的生命則仍舊盛旺。老年人的身體是老朽了，精神則活潑。

老年人仍舊要以每天的生命，是造物主的新的禮物，每天的生活是新的生活，以新的興趣來度過。每天的事情和工作，常是一樣；但是世上沒有兩樁事完全一樣，當前所有的事或工作，是一樁新的，前面的事已經過去了。織布工廠的女工織布，每一匹布的各段都是一樣，但當機器運轉時，所織的每寸布在她手中都是新的，她要注意。日常的生活就像一架織布機器，一分一秒，織成我們每天的生活，每分每秒爲我們都是新的。我們要用新的精力來接受，來處理；同樣每種工作，雖然可以是每天相同，但是我們工作的精神和興趣應該是新的。在輔大哲學研究所，我教了快三十年，可是上每堂課的前晚，我要重新預備，不能每堂課背講義，才覺教書有興趣。

孔子愛自己傳道授徒的工作，他說自己「發憤忘食，樂以忘憂，不知老之將至。」習慣，照例，使生活機械化，使人老化，每天常作一樣的事，常因習慣而變成機械，少年、壯年的公務員和工廠工人，喜歡聽人說：「少年老成」，少年變成老年乃可怕的事。生命是活的，是創新的；古書說，「周雖舊邦，其命維新」，老年人的身體雖舊了，腐朽了，他的精神生命則常是新的，俗語說：「老年人經驗多」，可以教訓人。若是他一生常習慣地做一樣的事，他可以有什麼多的經驗呢！

一位爺爺牽着小孫兒，或者一位外公牽着外孫上學校去，看看小孫或小外孫跳着、喊着，覺得小孩的生命在活動，自身的生命也在愛心裏跳。

生命是造物主愛心的禮物；造物主爲絕對無限，祂的愛心常是新鮮的。我們的心和天主的心相結合，我們將似魚在大洋裏，任意往那方面游，都感到新鮮。詩經上說：「維天之命，於穆不已。」大學上說：「湯之盤銘曰：苟日新，日日新，又日新。」老年人的生命，要是日日新的生命，他要學到老，愛到老，他就能「樂以忘憂，不知老之將至」。

曾載於益世評論　民國八十一年十一月十六日

十、病──愛心繞病榻

到榮民總醫院探望病人，眼看各種身有病症的人。有一位壯年外交官，頭痛澈骨髓，醫院查不出病情。有一位鋸斷了一條腿，全身卻浮腫。有一個年青人，眼耳患毒瘤，痛得不能看。還有年老人，體瘦如柴，奄奄一息。眼對這些患病的人，心中體驗他們的痛苦，感覺到一座醫院整個地是個「苦」字。

但是眼又看到另一個情景。一位中風癱瘓的人，不能言不能看，全身不能動，他的太太在旁已經七年，夜以繼日地幫他沐浴進食。鋸了腿的病人，太太常陪着他，日夜不斷。患毒瘤的青年人，有母親常在旁邊，盡心照顧。患病的老人，有老伴有女兒陪。我自己臥在榮總病房時，病並不重，修女和司機和司機太太，輪流在房中，學校的同事和門生，天天有人來看望，送花送水果。

病中見眞情！一個人生了病，而病又重，整個家就亂了，大家擔心，大家去照顧，大家都想方法減少病人的痛苦，都用各種方式安慰病人的憂慮；在病榻周圍流動着活躍的愛，顯示一片愛心。

還有藍衣天使的護士，按時照顧病人用藥，測量體溫血壓。一聽病房電鈴響，立刻進房相幫病人解除困難，供給各種服務。醫師乃是病人的希望，病人和他的家人，把一切希望都放在醫師手裏。只要看病人和他的家人，向醫師探詢病情時，他的眼睛的表情，就可以體驗到他們的心，都懸在醫師的每句話上。醫師和護士在醫院的房屋裏，是陪着病苦的愛心。

繞着病榻的愛心，是可以安慰病人的憂苦。使病榻上的病人感受到不是單獨一個人，在背負病痛，有許多人同他一起分擔，心中的苦可以減輕。但是，身上的痛苦仍舊在，仍舊使他感到器官和肢體的受傷，使他覺得對工作的無奈無力，使他覺得生命結束的危機，心裏憂苦，甚至失望。孔子當時去探望一個重病的門生，執着門生的手說：「這樣好的青年，竟得了這樣重的病，眞是命中注定嗎！眞是命中注定嗎！」孔子心裏很悲傷，害病的學生心裏一定更悲傷。

七百年以前，在意大利中部亞細亞城一座修院裏，院長加拉修女患重病，耶穌聖誕夜不能參加慶祝的宗教典禮，「因此心中更覺難忍；然而天主的聖意既如此安排，她也只好安心順從，犧牲一切。」❶

上一世紀末，在法國巴黎附近一座修院裏，一位年青二十二歲的修女德蘭，患肺結核病到末期時，身心痛苦。「至論聖女病苦，怕以死前半月，因時時嘔血，不能領聖體爲最苦。

一年前，吐血後，往往通宵，或因患病，或因寒冷，不能安寢。只要能領聖體，清早無不奮勇起身，願與好天主，身心合併，水乳交融，則萬苦不爲苦，萬病不爲病。」❷

病，不是由天主來的，是人世的罪孽，然經過天主的許可，便可以說天主安排的，天主是人的慈父，不會要人受苦受害。也許人的身體受病痛傷害，必使病痛增進人心靈的福利。人用孝愛天父的心，接受祂的安排，把病痛和耶穌基督所受的痛苦相合，作爲補贖人世罪孽的犧牲，病痛變爲同基督受苦的同情愛心，變爲對世人代作犧牲的愛心。這樣病人心中充滿愛天父，愛基督，愛世人的愛，病痛變爲愛心的表現，「則萬苦不爲苦，萬病不爲病。」

因此，病榻上，病榻周圍都滿佈了愛，愛在心中滅除了憂苦。

曾載於益世評論　民國八十一年十二月一日

❶ 超人軼事　張俊哲譯第一二三頁。

❷ 靈心小史　第三二七頁。

十一、死，愛的圓融

惠施的詭辯中，有「方生方死」的一條，胡適在哲學史裏解釋為「論時間，一切分割區別都非實有」，「卽有上壽的人，千年的樹，比起那無窮的久，竟可以說是方生方死了。」馮友蘭在哲學史裏解釋為「天地萬物，無時不移。」現在一位大陸學者在中國邏輯思想史料分析的書中，解釋為相對運化觀，生者以死為死，死者以生為死，生死運化不居。我的解釋是死生為相對的名詞，有生才有死，有死才有生；因此有生的名詞，就有死的名詞，兩者互相包涵，所以說：「方生方死。」

這些說法都是在說話上去講，實際上人的心理是很不情願把死字和生字連在一起。既有生，何必有死！中國人從古就想長生，愈是活得有勁的人，愈想不死。秦始皇和漢武帝在一生追求長生之藥，魏伯陽和葛洪發明成仙之術。

生而不死，是不可能！造物主天主造人，本來沒有規定死。人由心物合一而成，心靈為精神體，永久不滅，肉體為物質，逐漸消耗。但造物主賜予人特恩，使肉體不消毀。可是不幸人類始祖經不過造物主所設的考驗，違背命令，變成造物主的敵對。失去了特恩，造物主對人說：「你原來出自塵土，你終於要歸於塵土」，死要結束人的生命。

生，是造物主的愛；死，是罪惡的罰。人性傾向生而怕死，雖然人一出生就必有死，但聽見死就色變。

耶穌基督是眞天主，然也是眞人。祂奉聖父的命降生以救人，在要完成救人工程而被釘死十字架的前夕，祂預先知道自己慘死的境遇；憂苦害怕，要求門徒有同情的心，祂向聖父祈禱若能免了這種遭遇，就免了罷！但祂聲明完全接受聖父的旨意，聖父派遣天使鼓勵祂。祂遂挺身迎接來捕祂的差役，到了猶太官長和羅瑪總督審問時，祂一言不答，態度非常鎭定，使羅瑪總督都很詫異。被釘在十字架上，受苦三個鐘頭，血流過多，只說口渴。最後向聖父說：「我將我的神魂托放祢的手中」，然後說：「一切都完結了！」垂下頭，斷了氣。

基督的死，完成了對聖父和人的愛。祂的死，補償了人對造物主的罪，使人重歸與造物主和好，成了天主的子女。

人既是天主的子女，天父在那裏，人也要在那裏。在現世生活時，人是在世界上，不能面見天主，要等到離開了世界，人的靈魂和天主相結合，和天主永久同在。

天主教追思亡者祭祀的經文說：「我們雖爲死亡的定律而悲傷，卻因永生的許諾而得到安慰。我們結束了塵世的旅程，而獲登永生的天鄉。」

聖女小德蘭，臨終最後對基督苦像說：「我愛祢！——我主天主，我固——惟祢——是愛也。」就如聖十字苦望所說：「蓋死之時，愛河之水，由靈心放逸，朝宗於天主愛情浩蕩之海洋也。」（靈心小史　第十二章）

聖五傷方濟，臨終前，盡力唱歌，向旁邊的徒弟們說天主已啓示他的罪都赦了，卽將進入天鄉，他歡喜唱歌。

天鄉就是愛的圓融，天主愛人，人愛天主。人的永久生命，在於欣賞天主絕對的和無限的眞美善，所欣賞的常是新的，所體驗的是天主的愛和同賞永福的同體的愛，所取得的是心靈的滿足。

佛教的涅槃是常、樂、我、淨，因而空虛安靜。天主教的天鄉是愛，因而活躍生動。

佛教以生老病死爲苦，天主教以生老病死爲愛，愛能沖銷痛苦。

曾載於益世評論　民國八十一年十二月十六日

三、古哲的思想

十二、聖奧斯定論「我」

一、實體的我

我們研究聖奧斯定的哲學思想，先要注意到以下幾點：首先聖奧斯定沒有系統地講論神學和哲學，都是對著當時的現實問題。即是各種邪說，予以答辯；第二，聖奧斯定不分開神學和哲學，而是把兩者融會在一起；第三，聖奧思定採納柏拉圖和新柏拉圖派的學說，不討論抽象的觀念，而討論實際的對象，因此，我們研究聖奧斯定思想中的「我」，不能擺脫神學方面的信仰觀念，也不能純淨由哲學觀念去講。

整體的聖奧斯定的思想，是環繞三個中心問題，天主、人、人和天主的關係。從現代學術去講，這三點可以分別由哲學和神學去講；但是聖奧斯定認爲在實際上天主和人，以及人和天主的關係，不可能只由哲學的觀念去講，一定要加入神學的觀念，因爲實際的人，是由天主所造，天主所救贖，以愛天主爲生活的目標。

聖奧斯定思想中的「我」，是一個具體的人，爲認識具體的人，聖奧斯定由自己親身的經驗去體驗，他的親身經驗很深刻地表現在他的懺悔錄書裏，從懺悔錄裏我們不僅認識了聖奧斯定人的心理面貌，也認識了每個人的具體心理面貌。

> 人，你是人，因爲你是有精神體的靈魂，也有一個身體。因此你由靈魂和身體所成，靈魂不可見，身體則可見。❶

這種人，是一個按人本性的人；但是聖奧斯定認爲「從來沒有，現在也沒有，將來絕不會有一個純粹本性的人」❷因爲他所要講的「是一個實際淪落的又被救贖的人，人雖然可以追求眞理，可是他要受天主聖寵的指導，也常需要聖寵的支持，以獲得救恩的眞理」❸

聖奧斯定從自己親身的經驗，體驗到每個人——「我」的內心境況：

> 人，人從方面說，在自己的存在上，人是好的，也有正當生活的能力。❹

> 人的本性完全是精神性的，我說的人是有靈魂和身體。誰把身體排除在精神性以外，是種錯誤。❺

這種好的人爲天主所造的人，可是人自己把自己作成了罪惡，成爲罪人。

> 人和罪人；兩個互相分別的實體，人，是天主所造的；罪人，是人所作成的，你摧毀你所作成的，使天主保全祂所造的。你總要恨你所作成的，愛天主所造成的。幾時你開始厭惡你所作的，就開始顯出你的好的作為。❻

天主造了人，按照自己的肖像造的，有理智，有意志，人的罪惡並不能予以摧毀，因爲「實際上人只有一個最後目標，而且給人定了超性的目標，一個超於本性的目標。」❼聖奧斯定描寫自己的心靈境況說：

> 主，祢是偉大的，最可讚美的，祢有無限的能力，難數的智慧。人要稱揚的，就是祢。可是他，受造物中渺小的一份子，渾身是死亡的徵兆，罪惡的痕跡，和祢討厭的驕傲人的證據。不管怎樣卑微，他還是要歌頌祢的實在，他的樂趣，就在歌頌之中；因為我們是造來為祢的；我們的心得不到祢，就搖搖不安。❽

「我」，是一個淪落於罪惡的人，有原祖的罪之流毒，有自己的罪過。但是全心追求幸福，追求安寧，可是在生活裏又找不到，必須追求天主，找到了天主，心才可以安定。

誰能使我安息於祢呢？誰能使祢進入我的心靈，而使它陶醉呢？希望我能忘却我的一切煩惱，而把祢，我的惟一的愛，緊緊懷抱著！❾

「我」，是一個最奇妙的，最深奧的深淵。如同聖保祿宗徒所說的：「我也知道，善不在我內，即不住在我的肉性內，因爲我有心行善，但實際上卻不能行善。因此，我願意的善，我不去行；而我所不願意的惡，我卻去做。但我所不願意的，我若去做，那麼已不是我作那事，而是在我內的罪惡。」（羅馬人書，第七章第十八節～第二十節）

「我」是靈魂和身體結合的實體，靈魂是生命，貫穿整個身體，身體的活動，分有靈魂的精神性。中國古人也說：「心不在焉，視而不見，聽而不聞，食而不知其味。」（大學第七章）所以聖奧斯定認爲不能把身體排除在精神性以外，同樣，靈魂也分有身體的物質性，靈魂的活動，須要使用身體的器官。因此，原罪的流毒，每在靈魂上，使人成爲天主的仇敵，同時，原罪的流毒也泛濫到肉體內，肉體的慾情加強激動力，在發動時，常常逸出規律以外。這就是聖保祿宗徒所說的「在我內的罪惡」。聖奧思定的罪惡感非常強烈，而深刻，才說「我」「渾身是死亡的徵兆，罪惡的痕跡。」雖然「我」的實際情況是這樣，「我」仍舊要走向生命的目標，聖奧斯定舉目向天，向天主說：

祢從天上伸下手來，把我的靈魂從黑暗的深淵裏拯救起來在祢面前的當時，我的媽媽，祢的忠信的婢女，為了我，哭得比哭亡者的母親們，還要悽慘；因為她從祢所賜給她的信光裏，覺得我不過是個行屍。主，祢竟俯允了她，祢俯允了她，祢沒有藐視她的眼淚。⑩

「我」，為能排除在自己以內的罪惡，歸向天主，須要有天主的援助，但是「我」有自己的自由，也要自願接受天主伸援的手。

我愛祢愛的太晚，很古很新的美好！祢在我內，我卻在我外。在外面尋找祢，竟把祢所造的美麗住所，弄成了贓污醜陋。祢同我在一起。我卻不同祢在一起。那些將我捆在祢以外的，本是因祢而得存在，否則就不在了。祢呼喚我，大聲喊我，打破了我的聾耳朵。祢閃電，祢發亮，祢擘開了我的盲目。祢鞭打，祢引導了我的心靈，我追求祢，我體味你，我飢渴求祢。祢觸動了我，

我在祢的平安裏加溫。⓫

必要在「我」接納了天主的光照，「我」才能安靜在天主的平安裏。在當初，聖奧斯定以爲惡是實體：

在那無理性的生活裏，我覺得有種難說的實體，至惡的要素。這種實體，不純是實體，而也是一種性命，可是，我天主，我想一切雖由祢化成，但不當是由祢來的。⓬

後來，他認爲惡是善的缺乏，惡是沒有善，而不是在「我」以內，存有惡的實體，只是慾情的放濫，惡劣的感性。「我」是一個實體，爲天主所造，本來是善，但由原罪的流毒而常淪落於惡。善惡的表現，在於心的動向。

人？人是一個神秘的深淵。你可以數清你頭上的頭髮，一根也不錯，但你心情的變動，比頭髮多的！⓭

這種實情，就是「我」的奇妙，也是「我」的痛苦，「我」以心靈爲貴，心靈認識自己，認識外物，外物的印象留「我」心裏，我隨時記憶起來。聖奥斯定非常重視記憶力，「記憶的力眞大哪！我天主，它的深奥，它的無窮變化，實在使人驚駭！這就是我的心靈，就是我自己！我天主，我是什麼？我的本性是什麼？是個多變的，多頭的，神妙莫測的生命。」⑭

「我」的心靈生命有記憶，我是生活在時間以內，有時間才有記憶，記憶是記憶以往的所有的印象。時間是什麼？有人問天主在造天地以前作什麼呢？聖奥斯定說這個問題不能成立，時間，是要在有個天地才有，時間也是天主造的。天主永遠在時間以外。

「那麼，時間究竟是什麼？」聖奥斯定問自己，過去的時間往那裏去了？未來的時間怎麼成爲現在？他認爲我們看過去，是在現在去看，看將來也是在現在去看，過去的和將來的，都要看成現在的。

> 現在我已明瞭，將來和過去都不存在。我們說，時間分成三種：過去，現在，將來。說得更準確些，三種時間是：過去的現在，現在的現在，和將來的現在，這不過是個類比的說法，這是我們思想中，三個不同的觀察，別的地方是找不到的，過去的事情的現在是記憶，現在的事情的現在是直覺，將來的事

情的現在是等待。假使能這麼說，我認為有三種時間。⑮

時間究竟在那裏？時間在我心裏，過去的事情留的印象，我記憶過去，是記憶我心裏的印象，我想將來的事，更是想我心靈的印象，「爲人的整個生活，生活的各部份，爲人類的歷史，歷史的各部份也是這樣。」⑯

零零落落，我的生命可算什麼？……祂（基督）運用一切，在一切之中，使我因祂把握那個因祂已往把握我者：使我跳出紅塵，翕合於惟一的祢。從此忘掉幕後，不管將來過去，只管現在，勇往直前，追求天鄉的得勝枝，到了那裏，我將聽到祢的誇獎，和祢的不來不去，永遠存留福樂。⑰

二、生　命

聖奧斯定把存在和生活和認知，連在一起，在論自由的書裏，他指出人是存在的，但他的存在不能明顯，除非他是活的。他認爲他懂得兩樁實事；他自己存在，他自己活著。按他說三樁事是確定的：他存在，他生活，他懂得。⑱

「我」在，因爲我活著；我活著，因爲我懂得。我懂得，是我內心的自覺。感覺的認識，不能給「我」眞正的認識，眞正的認識是認識觀念。聖奧斯定採納柏拉圖的思想，以觀念爲常久不變的眞理，柏拉圖主張觀念實際存在，構成觀念世界，人的靈魂也先天存在，認識觀念世界，當靈魂和身體相結合時，「我」忘記了對觀念的認識，要在現世中漸漸隨著環境去回憶。聖奧斯定則以觀念存在天主內，天主造靈魂時，觀念先天在人以內，但「我」的認識先天觀念，須要有天主的光照，另外是「我」爲認識天主，必須有天主的靈光。

我的靈魂雖不是真理之源，我還不知道，它當受別一光源的照耀，才能獲得真理。主，祢光照了我的神魂之燈：我的天主，祢光照了我的黑暗。我們所有的一切，都是從祢的大泉源裏來的。祢是真光，光照了入世的人羣。⑲

認識眞理，還不是生命，生命是愛。「當聖奧斯定以形上學的方式講論天主時，他認爲天主是一個純全的實體，可以使相對的部份實體得到滿全，也可以補足這些實體的缺憾。從這種觀點去看一切受造物，既然是受造物，便都在各種次序中，是不完全的也不實際的。但較實際的愛造物，較能認識天主，愛天主，在天主內找到和平。」⑳

一切萬物的行動，從植物生長的變動到動物複雜的行動，都是『愛』的各種表現，它們的愛雖然不誠實不正確，它們的動作是外表的，不有結論的，混亂的，但是它們努力尋求對天主的愛，這種尋求對永恆不變和最高實體的愛，使它們的變動中，有規律，有恆，有次序。人的善，像別的受造物一樣，在於正確的愛。聖奧斯定因此給善德一個定義，卽是「合理的愛。」㉑

聖奧斯定對於「愛」，常不斷地在各種著作中重複地申說：

我的愛是一種重力，拉著我走，我到什麼地方，都是這種重力在拉我。㉒

一切物體由重心力所要到的點，不是別的，只是它們心靈的愛所傾向點。㉓

心靈無論向那方，都是愛的重心力定律所吸引。㉔

身體因它的重心力，靈魂因它的愛，拉到那裏就到那裏。㉕

亞里斯多德和聖多瑪斯以人的理智爲重，人的高貴在於理智，「人是有理智的動物」。聖奧斯定以人心的意志情感爲重，人的特點在於愛，愛的正當不正當，造就人格的好壞。中國哲學也是以人心的善爲重，人心的善在於情感的動合不合理。孟子曾以惻隱、羞惡、辭讓、是非之心爲人的特點，這四種之心都是情感，四者中以惻隱之仁心爲首，爲總綱，仁卽是愛之理，卽是仁愛。

人心爲什麼愛？是爲求自心的愉快，聖奧斯定說：「我們不會愛不能給我們愉快的人和事物。」㉖

> 愛，追求佔有所要的，是熱望；佔有並享受所愛的，是幸福；攻擊能使失掉所佔有的，是恐懼；若知道所愛的已失掉，是憂愁。這些感情，若所愛的不正當的，使都是可咒駡的，若所愛的正當，就都是好的。㉗

在倫理方面，正當的事，就是合理的愛，「聖奧斯定的倫理，最先的是愛的倫理。人用自己的意志中向天主，最後達到天主又欣享天主。」㉘聖奧斯定說：

> 倫理就在這裏，因爲一種善良的，高尚的生活，只有在愛天主和愛人的倫

理內可以造成，因此這是人所該愛的。㉙

「我」生命的目標，在求福星，眞正的福星在於天主，天主是全美全善的。

至上，至善，至能，至仁與至義，至隱與至顯，至美與至力，隱而不可捉摸，不變而變化一切；永不新，永不舊，而刷新一切；在不知不覺中，壓倒傲慢的人們。常動常寂，細大不捐，而什麼都不需要。……我的天主，我的生命，我的聖的甘飴，我們說了些什麼？幾時談祢，我們能說什麼？談話而不談祢的人，是有禍患的；因為嘮叨的人，甚於啞吧。㉚

「我」的生命，來自天主，要歸於天主。在生命的路上，以天主爲目標，天主成了「我」的生命。

三、關　係

聖奧斯定一生裏所有最活的記憶，和最深的感情，是他對於母親莫尼加的懷念和愛慕。

差不多，九年之間，我在深泥澤裏，我在廢棄的黑溝裏打滾。我求自拔的努力，不過使我越滾越深。可是，那個貞潔的，熱忱的，淡泊的，祢所鍾愛的寡婦；懷著悲哀希望的情緒，不斷地在祢台前為我哀禱。她的祈禱的聲浪，向祢飄去，祢仍讓我在黑夜裏濫滾。㉛

但終究他悔改了，而且徹底改換生活。「主，祢竟俯允了她；祢俯允了她，沒有藐視她的眼淚。」他一生深深感到母愛是何等重要和可貴。他想起母親從非洲跟他到義大利。「我虔誠的母親，已追跡而來。爬山航海，把祢做靠山。爲尋找，任何危險都不怕。當濁浪排天，危急萬伏的時候，她反去鼓勵那些理當安撫旅客的水手，保他們平安到達目的地。這是出於祢特別的啓示㉜。」他改正了自己的生活，決定陪母親回非洲的家鄉。在羅瑪海港口等船時，母親重病去世，享年五十七歲，他自己是年歲三十三。「我天主，我們是祢造的。我的一點孝敬，怎能及得她加於我的恩情呢？我的靈魂少了她，就少了一個大安慰，怎能不悵惘呢？我們母子的生命是二而一的，她的死不就是這個性命的分裂麼？」㉝

忽然我少了她，我在祢面前，只有痛哭；我為我的母親而哭，又為我自己而哭。從前我遏住的淚水，我讓它自由地，盡情地流出。淚水像隻床，我的心

躺在上邊，得到了安息。聽我淚水聲的，只有祢的耳，懂我淚水意的，決不是一個陌生人。㉞

聖奧斯定終生懷念著母親，體驗到「我」和家庭的緊密關係。他在講論人世社會的「天主之城」時，更認識家庭對社會國家的重要，家庭裏的人際關係乃是社會關係的基本：

每一個家庭應該是國家的細胞和根源，既然每一個根源被註定為一特別目標，每一個細胞被定為所屬機體的全體，所以家庭的和睦應該為國家的和睦有貢獻。因此，家庭內有發號施令的，有接受命令而服從的，兩者互相關連以構成家庭的和睦。㉟

但是在一個按信仰而生活的家庭裏，知道是在走向天鄉的旅途中，誰發號施令，是為被指使的人服務。他們不是為著權威的慾望而發號，而是為獻出自身；不是因驕傲作為一家之主，而是希望照顧大家。㊱

「我」在家中有自己的地位，有自己的名份，或是發號施令者，或是接受號令者，自己按照名份，維護家庭的和睦。丈夫發號令，妻子服從；父母發號令，子女服從；家主發號令，傭工服從。但是彼此都是以愛心而維持和睦，為愛天主而發號或服從。

聖奧斯定生在古羅馬帝國崩潰的時代，他去世以前不久，野蠻民族的兵隊已經渡海到非洲北部，圍困了他的城市，他死去以後，蠻兵破圍而入，搶掠焚燒，當時人揚言天主的信仰招致古羅馬神靈的怒，重罰了羅馬帝國。聖奧斯定著作「天主之城」一書，駁斥這種傳說，標出他的兩個世界觀：天主之城，塵世之城。每一個「我」，必定屬於一個世界。世界有它的歷史，每一個人「我」，也屬於歷史。聖奧斯定的歷史為救恩史，人類因天主聖子的救贖以得到救恩，整個人類的歷史，按著天主顯示救恩的歷程而進行，「天主之城」是得救恩的世界。「我」進入救恩的世界，參加人類的救恩歷史。

> 人，可以說是按照本性的規律，要建立社會，保持彼此間的和平，並且盡力予以保全。[37]
>
> 在地上，天主按自己的肖像，人佔第一個位置：我們不知道天主為什麼造了一個人，却又不讓他獨自個人生活。在動物裏沒有另一種像人這樣，因著毛病彼此不和睦，同時又因著本性非常共同相處。為攻打不和睦的毛病，或是為

預防或改正這種毛病，人們沒有更有益的道理較比這種更好：就是天主造了原祖，使人類由他繁衍，是為保持人類心靈的合一。㊳

「本是同根生，相煎何太急。」「四海之內皆兄弟也」這就是使人類和睦相處的基本理由。「我」由天主所造，不是孤獨的實體。而是相處在社會裏的一員。「我」的社會性是天主的，是人性的一部份；「我」的存在，就有「在世存有」。聖奧斯定所以說：生命就是愛，生活就是愛的活動；「我」的關係，也就是愛的關係。因著愛，「我」參加救恩的歷史。

註　釋

❶ 聖奧斯定　聖若望福音註釋第二十六卷。
❷ Federick Copleston. A History of Philophy VIV p. 49.
❸ 同上，頁四十八。
❹ 論自由　卷二，第二節。
❺ 論新歌　卷四。
❻ 聖若望福音註釋　第十二卷，第十三節。

❼ 同上，頁四十九。
❽ 懺悔錄，吳應楓譯，頁一，上海土山灣出版。
❾ 同上，頁三。
❿ 同上，頁四十二。
⓫ 同上，頁一八九。
⓬ 同上，頁六十。
⓭ 同上，頁五十八。
⓮ 同上，頁一八〇。
⓯ 同上，頁二二一。
⓰ 同上，頁二三〇。
⓱ 同上，頁二三〇。
⓲ Copleston 同上❷頁五十四。
⓳ 懺悔錄 頁六十。
⓴ W. I. Jones A History of western pholosophy VII p. 104.
㉑ 同上，頁一〇四。
㉒ 懺悔錄 頁二六四。
㉓ 書信集 第五十五卷，第十章第十八節。

㉔ 書信集 第一百五十七卷，第二章第九節。
㉕ 天主之城 第十一卷，第二十八章。
㉖ 證道 第一百五十九卷，第三章第三節。
㉗ 天主之城 第十六卷，第七章第二節。
㉘ capleston, 同❷ p. 82.
㉙ 書信集 第一三七卷，第五章第十七節。
㉚ 懺悔錄 頁三。
㉛ 同上，頁四十二。
㉜ 同上，頁八十一。
㉝ 同上，頁一六一。
㉞ 同上，頁一六二。
㉟ 天主之城 第十九卷，第十三節。
㊱ 同上，第十九卷，第十四節。
㊲ 同上，第十九卷，第十二章第二節。
㊳ 同上，第十二卷，第二十八章第一節。

十三　曾國藩家書的五倫道德

一、前　言

曾國藩生於公元一八一一年，於一八七二年去世，享壽六十一歲。去世到今已兩甲子，離他的生年，則已經三甲子了。最近臺北市已出售大陸唐浩明先生的曾國藩歷史小說三部九册，故宮博物院在十一月底將舉行兩天歷史學術講演，紀念曾國藩在中國歷史的身價。

今年六月，臺北學術界曾召開王船山學術思想研討會，紀念王船山逝世三百週年，我曾在中央日報發表一篇文章，講述王船山思想的系統，對這位（衡陽）鄉賢表示我的景仰。曾國藩曾出生在衡州，對於他的逝世兩甲子，我又作一篇紀念性的文字，表達對這鄉賢的敬重。

曾國藩的著作流傳最廣，版本也多的，是他的家書。黎明書局曾出版一部，編者在「編者的話」裡說：「本書的出版，承俞部長大維先生，出所藏珍本，又重加蒐集校正，更見完善。」

「編者的話」中更有一長段介紹家書內容：「以數量而論，有一千餘封之多；以對象而言，上由祖父母至父母，中對諸兄弟，下及兒輩；足以探索全家人物的生活和形象；以內容而論，由瑣屑的家事，父母的存向，兄弟的勸誘，子女的教導，進而至國事、政務的處理……以至於論文論學，修身成德，眞實而又細密，平常而又深入，眞是一部眞實生動的生活寶鑑。……曾文正公是最好的兒子，能使父母放心、歡心；也是最好的哥哥，教導和照顧弟妹，體貼入微，眞情實意，極爲動人；更是成功的父親，仁慈而又嚴正，是子女的好榜樣。……凡是想要扮演好爲人子女、爲人父兄的角色，都不可不細看這些情眞意切的書信。……」

家書既然具有這麼高的修身齊家價值，我就簡要的從家書中舉出五倫的道德，作爲研讀家書的人做參考。

二、修身

在中國傳統的文化裡，修身爲齊家治國的基石。大學講治國平天下，先要修身，次要齊家。身不修，則家不齊，更談不上治國了。

曾國藩從少謹愼修身，謹言愼行，一生服膺孔孟之道。在家書裡勸勉弟弟，訓戒兒子，時時流露這種儒家君子的精神。在家書裡，多處說明他自己的缺點，也標出自己反省改過的方法。

沅弟言我仁愛有餘威猛不足，澄弟在此時亦常說及，近日友人愛我者人人說及。無奈性已生定，竟不能威猛。所以不能威猛，由於不能精明，事事被人欺侮，故人得而玩易之也。（家書第一冊，頁三三七，咸豐四年五月初一日　致澄弟、沅弟、季弟）

曾國藩自知剛強威猛，不如左宗棠和彭玉齡，精明不如李鴻章；但他能取他人之長補自己的不足，左、彭、李都是他幕下的謀士猛將。他自己常是鄭重，腳踏實地。

然我用功，實腳踏實地，不敢一毫欺人。……我在京師，惟恐名浮於實，故不先拜一人，不自詡一言，深以過情之聞為恥耳。（家書第一冊，頁一三七，道光二十四年十二月十八日　致澄弟、溫弟、沅弟、季弟）

後來戰功日高，官位身望日隆，他力求謙虛，絕不以官位驕人，時時戒愼恐懼。

自概之道云何？亦不外清、愼、勤三字而已。吾近將清字改為廣字，愼字改為謙字，勤字改為勞字，尤為明淺，確有可下手之處。(家書第三册，頁一一二四，同治元年五月十五日　致沅弟、季弟)

早在京師時，他已經告誡弟弟們，作工夫赴考場「盡其在我，聽其在天，萬不可稍生妄想。」

吾人只有進德修業兩事靠得住。進德，則孝弟仁義是也；修業則詩文作字是也。此二者由我作主，得尺則我之尺也，得寸則我之寸也。(家書第一册，頁一二一，道光二十四年八月二十九日　致澄弟、溫弟、沅弟、季弟)

當他官位已經封侯，他越覺自己要謙虛。

吾兄弟位高，名望亦高，中外指目為第一家。樓高易倒，樹高易折，吾與弟時時有可危之機，專講寬本謙巽，庶見高而不危。(家書第四册，頁一七三六，同治五年八月二十四日　致沅弟)

而且他每以「悔」字作爲生活準則。

弟求兄隨時訓示申儆。兄自問近年惟有一悔字訣。兄昔年，自負本領甚大，……自從丁巳、戊午大悔大悟之後，乃知自己全無本領，……故從戊午至今九載，與四十歲以前迥不相同，大約以能立能達為體，以不怨不尤為用。(家書第四冊，頁一七八三，同治六年致沅弟)

朱子嘗言，悔字如春，萬物蘊蓄初發；吉字如夏，萬物茂盛已極；吝字如秋，萬物始落；凶字如冬，萬物枯凋。(家書第四冊，頁一七九九，同治六年三月初二　致沅弟)

曾國藩常懷著易經乾卦的亢龍有悔，身居高位，時時有危機感，謹小愼微。

余在外立志以愛民為主，……又性素拙直，不善聯絡地方官，所在齟齬，坐是中懷抑塞，亦常有自艾之意。(家書第二冊，頁四八六，咸豐八年二月二日　致沅弟)

當亂世處大位而為軍民之司命者，殆人生之大不幸耳。（家書第四冊，頁一七九五，同治六年二月二十一日　致沅弟）

余定於正初北上，頃已附片復奏抄閱。……余決計此後不復作客，亦不作回籍安逸之想。但在營中照料雜事，維繫軍心，不居大位享大名，或可免於大禍大謗。若小小凶咎，則亦聽之而已。（家書第四冊，頁一七五九，同治五年十一月初三日　諭紀澤）

但事情進行並不是他所追求的，他升官拜爵，功名盛極一時。他乃常記著以往告誡弟弟們的話：

凡人一身，只有遷善改過四字可靠；凡人一家，只有修德讀書四字可靠。（家書第一冊，頁二八八，咸豐元年七月初八日　致澄弟、溫弟、沅弟、季弟）

他在軍中，或在高位，每日讀書，用正楷字寫日記，事事專心。

> 凡人作一事，須全副精神注在此事，……人而無恆，終身一無所成。我生平坐犯無恆的弊病，實在受害不小。（家書第一冊，頁四七〇，咸豐七年十二月十四夜　致沅弟）

曾國藩一生持身處世，常把持這種謹慎精神。他所謂無恆，在於訓練湘勇，跟長毛作戰，幾次失敗，想放棄軍事；但每次仍舊再起，終至成功。在政事上，天津教案交涉，遭受攻擊，被調回兩江總督任，更謹慎處理事務，以致在六十一歲就因病去世。慈禧太后也痛惜說：「曾國藩沒有過一天的享受。」

三、家　庭

曾國藩的家庭，原是四代同堂的家庭，上有祖父母，下有兒女。一家的精神，建立在祖父星岡公的教訓。

> 余與沅弟論治家之道，一切以星岡公為法，大約有個八字訣。其四字卽上年所稱書、蔬、魚、猪也；又四字則曰早、掃、考、寶。早者，起早也；掃者，掃屋也；考者，祖先祭祀，敬奉顯考、王考、曾祖考、言考而妣可該也；

寶者，親族鄰里，時時周旋，賀喜弔喪，問疾濟急。星岡公常曰：人待人無價之寶。（家書第二冊，頁七〇六，咸豐十年閏三月二十九日　致澄弟）

家中養魚、養猪、種竹、種蔬四事，皆不可忽。一則上接祖父以來相承之家風，二則望其外有一種生氣，登其庭有一種旺氣，雖多花幾個錢，多請幾個工，但用在此四事上總是無妨。（家書第二冊，頁五五一，咸豐八年八月二十二日　致澄弟、季弟）

吾祖星岡公於僧道巫醫及堪輿星命之言皆不甚信，故凡不近情理之言不敢問之開口。以後吾家兄弟子侄，總以恪守星岡公之繩墨為要。（家書第四冊，頁一五〇六，同治三年四月十四日　致澄弟）

星岡公制定治家八字，為日常生活的規則，曾國藩在家書中多次提醒子弟，決不忘記。在精神倫理道德方面，曾國藩引申祖父的遺訓，規定本家的形像。

吾家子侄半耕半讀，以守先人之舊，慎無存半點官氣。不許坐轎，不許喚人取水添茶等事。其拾柴收糞等事，須一一為之；插田蒔禾等事，亦時時學之。庶漸漸務本而不習於淫佚矣。（家書第一册，頁三三一，咸豐四年四月十四日致澄、溫、沅、季弟）

家中之事，望賢弟力為主持，切不可日趨於奢華。子弟不可學大家口吻，動輒笑人之鄙陋，笑人之寒忖，日習於驕奢而不自知，至戒至囑。（家書第三册，頁一〇三七，咸豐十一年八月二十四日　諭紀澤）

居家之道，惟崇儉可以長久，處亂世尤以戒奢侈為要義，衣服不宜多製。（家書第三册，頁一〇三七，咸豐十一年八月二十四日　諭紀澤）

曾國藩最怕家中子弟染上官家習氣，失落祖傳家風。他的父親曾撰一聯，命曾國藩書寫，懸掛家堂。

有子孫有田園家風半讀半耕但以箕裘承祖澤

無官守無言責世事不聞不問且將艱鉅付兒曹

（咸豐四年正月上旬竹亭老人自撰命男國藩寫）

曾國藩以勤敬二字作爲家法，令子弟遵守。

家中兄弟子侄，總宜以勤敬二字為法。一家能勤能敬，雖亂世亦有興旺氣象；一身能勤能敬，雖愚人亦有賢智風味。吾生平於此二字少工夫，今諄諄以訓吾昆弟子侄，務宜刻刻遵守。（家書第一冊，頁三五一，咸豐四年七月二十一夜致澄、溫、沅、季弟）

曾國藩軍功蓋世，官至封侯；他卻常有危機感，諄諄囑咐家中人絕對不能驕奢，要恐懼滿招損。

此後總須步步收緊，切不可步步放鬆。禁坐四人轎，姑從星岡公子孫做起，不過一二年，各房亦可漸改。總之，家門太盛，有福不可享盡，有勢不可使盡。人人須記此二語也。（家書第四冊，頁一四四〇，同治二年十一月二十四日致澄弟）

平日最好昔人「花未全開月未圓」七字，以為惜福之道，保泰之法莫精於

此。……星岡公昔年待人，無論貴賤老少，純是一團和氣。（家書第三册，頁一二六六，同治二年正月十八日　致沅弟）

讀書乃寒士本業，切不可有官家風味。……家中新居富墺，一切須存此意，莫作代代做官之想，須作代代做士民之想。門外掛匾不可寫侯府相府字樣。天下多難，此等均未必可靠，但掛宮太保第一匾而已。（家書第四册，頁一七八〇，同治五年十二月二十三日　諭紀澤）

我家中斷不可積錢，斷不可買田，亦兄弟努力讀書，決不怕沒飯吃。至囑。（家書第二册，頁七九〇，咸豐十年十月十六日　諭紀澤、紀鳴）

家中最要的，在於一團和氣，一團和氣尤其是在兄弟間，影響全家。

兄弟和，雖窮氓小戶必興；兄弟不和，雖世家官族必敗。（家書第一册，頁七七，道光二十三年二月十九日　稟父母）

夫家和則福自生。若一家中，兄有言弟無不從，弟有請兄無不應，和氣蒸蒸而家不興者，未之有也，反而不敗者，亦未之有也。（家書第一冊，頁六八，道光二十三年正月十七日　稟父母）

曾國藩的家書，幾乎百分之九十，是給弟弟的信，信中規勸弟弟，勉勵弟弟，力求和弟弟心意相通，又要求子弟，不以官家自居，以士民之家爲家，家風勤儉，家有道德。

四、父　母

孝道在中國社會，已經實行幾千年，凡是讀書人，多是以孝爲治家之本。曾國藩家書開始是向祖父母和父母寫信，稟告自己的生活狀況，盡子孫之責。致弟弟書信，常提及孝道。

余嘗語岱雲曰：『余欲盡孝道，更無他事，我能使諸弟進德業一分，則我之孝有一分；能教諸弟進十分，則我孝有十分；若全不能教弟成名，則我大不孝矣。九弟之無所進，是我之大不孝也。惟願諸弟發奮立志，念念有恒，以補我不孝之罪。幸甚幸甚。』（家書第一冊，頁五七，道光二十二年　致澄、溫、沅、季弟）

賢弟性情真摯，而短於詩文，何不日日在孝弟兩字上用功？「曲禮」「內則」所說的，句句依他做出，務使祖父母、父母、叔父母無一時不安樂，無一時不順適；下而兄弟妻子皆藹然有恩，秩然有序，此真大學問也。若詩文不好，此小事，不足計；卽好極，亦不值一錢。不知賢弟很聽此語否？（家書第一册，頁八八，道光二十三年六月初六　致澄、沅、季弟）

不僅教孝，實際要行孝；對於祖父，謹望父叔服侍；對於父親，囑咐弟弟服侍。

且男忝竊卿貳，服役已兼數人，而大人以家務勞苦如是，男實不安於心。此後萬望總持大綱，以細微事附之四弟。四弟固謹慎者，必能負荷，而大人與叔父大人惟日侍祖父大人前，相與娛樂，則萬幸矣。（家書第一册，頁一〇二，道光二十七年七月十八日　稟父母）

吾兄弟五人，溫、沅皆出外帶勇，季居三十里外，弟弟常常他出，遂無一人侍奉父親膝下，溫亦不克遽歸侍奉叔父，實於論語遠游、喜懼二章之訓相違。余現令九弟速來瑞州與溫並軍，庶二人可以更番歸省，澄弟宜時常在家以

盡溫情之職，不宜干預外事，至囑至囑。（家書第一册，頁四二八，咸豐六年十月初六日　致澄弟）

曾國藩對於家庭的形像，非常注意。自己既任高官，自己的家在鄉村應該保有樸素的形像，絕不宜假藉勢力，干預地方行政，不向地方政府拜托施壓，他勸父親莫進入官署。

我家既為鄉紳，萬不可入署說公事，致為官長所鄙薄。即本家有事，情願吃虧，萬不可與人構訟，令長官疑為倚勢凌人，伏乞慈鑒。（家書第一册，頁一五一，道光二十五年五月二十九日　稟父母）

又聞四弟六弟言父親大人近來常到省城縣城，曾為蔣市街曾家說墳山事，長壽庵和尚說命案事。此雖積德之舉，然亦是干預公事。……凡鄉紳管公事，地方官無不銜恨。無論有理無理，尚非己事，皆不宜與聞。地方官外面應酬，心實鄙薄。……以後無論何事，望勸父親總不到縣，總不管事，雖納稅正供，使人至縣。伏求堂上大人鑒此苦心，侄時時掛念獨此耳。（家書第一册，頁一六三，道光二十五年十月初一日　稟叔父母）

前信言莫管閑事，非恐大人出入衙門，蓋以我邑書吏欺人肥己，黨邪嫉正，設有公正之鄉紳，取彼所魚肉之善良而扶植之，取此所朋比之狐鼠而鋤抑之，則於彼大有不便，必且造作謠言，加我以不美之名，進讒於官，代我搆不解之怨。而官亦陰庇彼輩，外雖以好言待我，實則暗笑而深斥之，甚且當面嘲諷。且此門一開，則求者踵至，必將日不暇給，不如一切謝絕。今大人手示，亦如杜門謝客。此男所深為慶幸者也。（家書第一冊，頁一六八，道光二十六年正月初三日　稟父母）

曾國藩爲保持家庭的樸素形像，敢向父親進言，勸不代人向地方官打交待，他實踐論語所說：「事父母幾諫，見志不從，又敬不違，勞而不怨。」父親竹亭公接納兒子的善言，以後不進官署。他另一項孝道，是爲祖父母及父母，預辦四具壽器，多次囑咐弟弟用上等漆每年爲壽具加漆，表示他極看重這種傳統的孝道。

五、兄弟

曾國藩兄弟五人，他最年長。對於弟弟，家書講話最多。在他心目中，家庭的結構由兄弟負擔。祖父母和父母已到安閒休養年歲，兒子和侄兒尚在求學時期，家中事務都由兄弟承擔。所以他說「家和」，常指著兄弟的和睦。中國傳統的道德，最重孝悌，孝是孝敬父母，悌是愛敬兄長。兄長對弟弟有教導的責任，弟弟對兄長有聽從的義務。曾國藩在弟弟們年青考試時，指導讀書的方法，做人的道理，指示他們選擇老師。家書中的第一封寫給四個弟弟的信，詳細指示進德脩學。

寫至此，接得家書。知四弟、六弟未得入學（沒考過），悵悵。然科名有無遲早，總由前定，絲毫不能勉強。吾輩讀書，只有兩事；一者進德之事，講求乎誠正修齊之道，以圖無忝所生；一者修業之事，操習乎記誦詞章之術，以圖自衞其身。（家書第一册，頁四八，道光二十二年九月十八日　致澄、溫、沅、季弟）

道光二十二年十月廿日、十一月十七日，有兩封致四個弟弟的長信，詳細就個人的心境予以開導，勉勵讀書進德。他說：

所望者再得諸弟獨立，同心一力，何患令名之不顯，何患家運之不興？欲別立課程，多講規條，使諸弟遵而行之，又恐諸弟習見而生厭心；欲默默而不言，又非長兄督責之道。是以往年常示諸弟以課程，近來則只教以有恆二字。

所望於諸弟者，但將諸弟每月功課寫明告我，則我心大慰矣。」(家書第一冊，頁三一，道光二十四年十一月二十一日 致澄、溫、沅、季弟)

至於兄弟之際，吾亦惟愛之以德，不欲愛之以姑息。教之以勤儉，勸之以習勞守樸，愛兄弟以德也；豐衣美食，俯仰如意，愛兄弟以姑息也。姑息之愛，使兄弟惰肢體，長驕氣，將來喪德虧行，是原我率兄弟以不孝也，吾不敢也。(家書第一冊，頁二四四，道光二十九年三月二十一日 致澄、溫、沅、季弟)

到後來他練勇和太平軍作戰，澄弟留在家，溫弟、沅弟、季弟都參加練勇，溫弟戰死，季弟病死，沅弟國荃領帶湘勇，攻克安慶，攻破金陵。曾國藩給澄弟寫信，指示治家；給沅弟寫信，指示作戰和修身之道。

余往年撰聯贈弟，有「儉以養廉，直而能忍」二語。弟之直人人知之，其能忍，則為阿兄所獨知；弟之廉人人料之，其不儉，則阿兄所不及料也。以後望弟於儉字加一番工夫，用一番苦心，不特家常用度宜儉，卽修造公費，周濟人情，亦須有一儉字意思。總之，愛惜物力，不失寒士之家風而已。(家書第

三册，頁一四三五，同治二年十一月十四日致澄弟）

余與沅弟同時封爵開府，門庭可謂極盛，然非可常恃之道。記得己亥正月，星岡公訓竹亭公（祖訓父）曰：「寬一雖點翰林，我家仍靠田作業，不可靠他吃飯。」此語最有道理，今亦當守此語為命脈。望吾弟專在作田上用些工夫，而輔之以書、蔬、魚、猪、早、掃、考、寶八字，任憑家中如何貴盛，切莫全改道光初年之規模。凡家道可以久者，不恃一時之官爵，而恃長遠之家規；不恃一二人之驟發，而恃大衆之維持。我若有福罷官回家，當與弟竭力維持。老親舊眷，貧賤族黨不可怠慢，待貧者亦與富者一般。當盛時預作衰時之想，自有澤固之基矣。（家書第四册，頁一七一四，同治五年六月初五日　致澄弟）

這一段話，很明顯地說出曾國藩的儒家修養，很怕「亢龍有悔」，很想預防「盛極而衰」，以謙樸持家，家的富貴乃能持久。

沅甫曾國荃，才高氣盛，尤其性躁，又有肝病，行軍作戰，常求速決。在圍攻金陵時，費時三年，曾國藩屢次寫信，告示弟弟行軍作戰之道，另外勸弟弟能忍、能讓，宜看天意以行事。

日中則昃，月盈則虧，吾家已盈時矣。管子云：斗斛滿則人概之，人滿則天概之。余謂天概之無形，仍假手於人以概之。……吾家方豐盈之際，不待天之來概，人之來概，吾與諸弟當設法先自概之。自概之法為何？亦不外清、慎、勤三字。吾近將清字改為廉字，慎字改為謙字，勤字改為勞字，尤為明淺，確有下手之處。（家書第三册，頁一一二三，同治元年五月十五日　致沅弟）

疏辭兩席一節，弟所說甚有道理。然處在大位大權而兼享大名，自古曾有幾人能善其末路者？總須設法將權位二字推讓少許，減去幾成，則晚節漸漸可以收場耳。今因弟之所諫，不復專疏奏請，遇便能附片申請，但能於兩席中辭退一席，亦是一妙。（家書第三册，頁一一五七，同治二年正月初七日　致沅弟）

「凡辦大事，以識為主，以才為輔；凡成大事，人謀居半，天意居半。往年攻安慶時，余告弟不必代天作主張。……弟現急求克城（金陵），頗有代天主張之意。若令丁道在營鑄砲，則尤於無識矣。願弟常畏天之念，而慎靜以緩圖之，則近耳。……弟於吾勸誡之信，每不肯虛心體驗，動輒辯論，此最不可。吾輩居此高位，萬目所瞻，凡督撫是己非人，自滿自足者，千人一律。君子大過人處，只在虛心而已。（家書第三册，頁一三七九，同治二年七月二十一日致

沅弟）

余自經咸豐八年一番磨煉，始敬畏天命，畏人言，畏君父之訓誡，始知自己本領平常之至。……弟經此番裁抑磨煉，亦宜從畏慎二字痛下功夫。畏天命，則於金陵之克付諸可必不可必之數，不敢絲毫代天主張。且常覺我兄弟菲材德薄，不配成此大功。畏人言，則不敢稍拂輿論；畏訓誡，則轉以小懲為進德之基。（家書第三册，頁一四〇七，同治二年九月十一日　致沅弟）

在同年十月二十八日致沅弟信中，仍說：「克城之遲早，仍有天定，不關人謀也。」同年十一月初一日的信，勸說：「望弟無貪功之速成，但求事之穩適。」後來朝廷有意派李鴻章率淮軍助克金陵，曾國藩也想請李鴻章出兵，曾國荃不同意，他給弟弟寫信說：

如奉旨飭少荃中丞前來會攻金陵，弟不必多心，但求了畢茲役。獨克固佳，會克亦妙。功不必自己出，名不必自己成，總以保全身體，莫生肝病為要。善於保養，則能忠能孝，而兼能悌矣。（家書第四册，頁一五〇七，同治三年四月十六日　致沅弟）

李鴻章當然不願發兵，避免和曾國荃爭功；曾國藩自己也不親往金陵督師，留在安慶，讓克金陵之功，歸於國荃。在同年同月二十日，又囑國荃「事事落人後着，不必追悔，不必尤人，此等處總守定畏天知命四字。」後來國荃於元月十六日攻克金陵，國藩於六月十九、二十、二十一速寫四封信與國荃，詢問詳情，囑「弟勞苦太久，切勿過於焦慮，至囑至囑。」國荃仍因心燥發肝疾，回家休養，國藩去信說：

沅弟濕毒與肝鬱二者總未痊愈。濕毒因太勞之故，肝疾則沅心太高之故。立此大功，成此大名，而獨懷鬱鬱，天下何一乃為快意之事？何年乃是快意之時哉？余於本月代具請假摺，九月再奏請開缺，十月當可成行。（家書第四冊，頁一五七八，同治三年八月十四日 致沅弟）

故吾輩在自修處求強則可，在勝人處求強則不可。（家書第四冊，頁一七四二，同治五年九月十二日 致沅弟）

在此信中，曾國藩列舉北宮黝、孟施舍、曾子的德，又舉出鬥智鬥力之害，如李斯、曹操、楊素，終至遭禍。故囑曾國荃切勿以「自治者每勝一籌。」在最後曾國荃回鄉，他更囑咐係持家聲。

吾鄉顯宦之家，世澤綿延者不少。吾兄弟忝叨爵賞，亦望後嗣子孫讀書敦品，略有成立。乃不負祖宗培植之德。吾自問服官三十餘年，無一毫德澤及人，且愆咎叢積，恐罰及於後裔。老年痛自懲責，思蓋前愆。望兩弟於吾之過失寄箴言，並望互相切磋，自勤儉自持，以忠恕教子，要令後輩洗淨驕奢之氣，各敦恭謹之風，庶幾不墜家聲耳。（家書第四册，頁一八九四，同治十年三月初三日　致澄弟、沅弟）

曾國藩於同治十一年二月三日逝世，正是寫上封信的後十一個月，這時剛六十歲，自稱老年痛自懲責，勉勵兩弟以勤儉自持，以忠恕教子，以維持家聲。

六、兒子、妻女、朋友

曾國藩有兩個兒子：曾紀澤、曾紀鴻。紀澤天份高，紀鴻天份平平。曾國藩教導他們讀書、作文、寫字。第一封信寫給曾紀澤的信，是咸豐二年七月二十六日，曾國藩在回鄉省親的途中，突得母親去世的耗音，乃去信給留在北京的兒子，詳細指示他處理開吊，家眷回家，賬務各種事件，信中流露孝思、誠樸、寬容、謹愼的心情，無形中是很好的家教。以後給紀澤、紀鴻的信，都是教導讀書和修身之道。

讀書之法，看、讀、寫、作，四者每日不可缺一……至於作人之道，聖賢千言萬語，大抵不外敬恕二字。仲弓問仁一章，言敬恕最為親切。……孔言欲立立人，欲達達人；孟言行有不得，反求諸己。以仁存心，以禮存心，有終身之憂，無一朝之患。是皆言恕字最好下手者。爾心境明白，於恕字或易著功，敬字則宜勉強行之。此立德之基，不可不愼。（家書第二冊，頁五三三，咸豐八年七月二十一日 諭紀澤）

吾教子弟不離八本，三致祥。八者曰：讀古書以訓詁為本；作詩文以聲調為本；養親以得歡心為本；養生以少惱怒為本；治家以不晏起為本；居官以不要錢為本；行軍以不擾民為本。三者曰：和致祥，勤致祥，恕致祥。（家書第二冊，頁八八一，咸豐十一年三月十三日 諭紀澤、紀鴻）

余生平有三恥，學問各途，皆略涉其涯涘，獨天文算學，毫無所知，雖恒星之緯不識認，一恥也；每作一事，治一業，輒有始無終，二恥也；少時作字，不能臨摹一家之體，遂致屢變而無所成，遲鈍屢變而無所成，遲鈍而不適於用，近歲在軍，因作字太鈍，廢閣殊多，三恥也。爾昔為克家之子，當思雪此三恥。（家書第二册，頁五四九，咸豐八年八月二十四日　諭紀澤）

余近年默省之勤、儉、剛、明、忠、恕、謙、渾，八德，曾為澤兒言之，宜轉告與鴻兒，就中能體會一、二字，便有日進之象。澤兒天資聰穎，但嫌過於玲瓏剔透，宜從渾字上用些工夫。鴻兒則從勤字上用些工夫。用工不可拘古，須探討些趣味出來。（家書第四册，頁一六九一，同治五年三月十四夜諭紀澤、紀鴻）

一曰愼獨則心安。自修之道，莫難於養心。心旣知有善有惡，而不能實用其力，以為善去惡，則謂之自欺。方寸之自欺與否，蓋他人所不及知，而已獨知之。故大學之誠意章，兩言愼獨。果能好善如好色，惡惡如惡臭，力去人欲，以存天理，則大學之所謂自慊，中庸之所謂戒愼恐懼，皆能切實行之。……

二曰主敬則身強，敬之一字，孔門持以教人，春秋士大夫亦常言之，至程朱千言萬語不離此旨。內而專靜純一，外而整齊嚴肅，敬之工夫也。……三曰求仁則人悅。凡人之生皆得天地之理以成性，得天地之氣以成形，我與民物，其大本乃同出一源，……孔門教人，莫大於求仁，而其最切者，莫要於欲立立人，欲達達人數語。

四曰有勞則神欽。凡人之情，莫不好逸而惡勞……人一日所着之衣所進之食，與一日所行之事所用之力相稱，則旁人韙之，鬼神許之，以為彼自食其力也。……

余衰年多病，目疾日深，萬難挽回……今書此四條，老年用自儆惕，以補昔歲之衍；並令二子各勖勉，每夜以此四條相課，每月終以此四條相稽，仍寄諸侄共守，以期有成焉。（家書第四冊，頁一九二七）

上引為家書最後一篇，末記「金陵節署中日記」，曾國藩時年六十歲，已自稱衰老，以這四條訓勉子侄。次年，他即去世，可說這四條是留給子侄的遺囑。

曾國藩對於妻子郭夫人，互相尊重，家書中有兩封致歐陽夫人的信，稱呼「夫人」，語氣平和有禮。

丞中遇祭酒菜，必須夫人牽婦女親自經手。……吾夫婦居心行事，各房及子孫皆依以為榜樣，不可不勞苦，不可不謹慎。近在京買參，每兩去銀二十五金，不知好否？茲寄一兩與夫人服之。（家書第四冊，頁一七六八，同治五年十二月初一日　致歐陽夫人）

余精力日衰，總難多見人客。……余亦不願久居此官，不欲再接家眷東來。夫人率兒婦輩在家，須事事立一定章程，居官不過偶然之事，居家乃是長久之計，能從勤儉耕讀上做出好規模。……望夫人教訓兒孫婦女，常常作家中無官之想，時時有謙恭省儉之意，則福澤悠久，余心大慰矣。（家書第四冊，頁一八一二，同治六年五月初五日　致歐陽夫人）

這種勤儉謙恭的思想，乃曾國藩一貫的思想，在致弟弟和兒子的信裏，時常提及，時常囑咐。對於婦女他依照這種思想，督促她們作家事。

新婦初來，宜教之入廚作羹，勤手紡織，不宜因其富貴家子女不事操作。大、二、三諸女已能做大鞋否？三姑一嫂，每年做鞋一雙寄余，各表孝敬之忱，各爭針黹之工，所織之布，做成衣襪寄來，余亦得察閨門以內之勤惰也。

（家書第二冊，頁四二七，咸豐元年十月初二日　諭紀澤）

可見他本人的儉樸，穿着家中人所作衣履，又見他對家中事的細心。

余於家庭有一欣慰之端，聞妯娌及子侄輩和睦異常。……

（家書第四冊，頁一五三六。同治三年六月初一，致沅弟）

吾家門第鼎盛，而居家規模禮節總未認真講求。……故吾屢教兒媳諸女親主中饋，後輩視之若不要緊。此後還鄉居家，婦女縱不能精於烹調，必須常至廚房，必須講求作酒作醯醢小菜換茶之類。爾等亦須留心於蒔蔬養魚。此一家興旺氣象，斷不可忽。紡織雖不能多，亦不可間斷。大房唱之，四房皆和之，家風自厚矣。（家書第四冊，頁一七二〇，同治五年六月二十六日　諭紀澤、紀鴻）

此種家風，今天的社會已不能實用，但是勤儉的家風，今天仍舊應是居家的原則。家書中沒有致朋友的信，但在家書中曾國藩常提到朋友，尤其對曾國荃帶兵作戰，曾國藩常指點謹愼朋友間的往來。在道光二十二年十月二十六日致四個弟弟的長信，述說他在京師所交的朋友，自稱『余之益友』，也說自己得益，「盡明師益友，重重夾持，能進不能退也。」（家書第一册，頁五四）

七、君臣

家書中沒有上呈皇帝的奏稿，只有在家信中提到朝廷和皇上時，曾國藩表明自己的態度。

> 分兵北援以應詔，此乃臣子必盡之分。吾輩所以忝竊虛名，為衆所附者，全憑忠義二字。不忘君，謂之忠；不失信於友，謂之義。今鑾輿播遷，而臣子付之不聞不問，可謂忠乎？……孰若入援而以正綱常以篤忠義？縱使百無一成，而死後不自悔於九泉，不詒議於百世。弟謂切不可聽書生議論，兄所見卽書生迂腐之見也。（家書第二册，頁七六七，咸豐十年九月初十日　致沅弟）

英法聯軍入侵，清帝避往熱河，詔遣曾國藩率師北援，曾國荃不同意北上，來信批評朝廷，曾國藩復信駡他「滿紙驕矜之氣，且多悖謬之語。」信末說：「此次復信，責弟甚切。

嗣後弟若再有荒唐之信如初五者，兄卽不復信耳。」後四天，又致曾國荃一信，說若皇帝決派他北援，「則十月奉旨，十一月底卽當起行。明知此事無益於北，有損於南，而余忝竊高位，又竊虛名，若不赴君父之難，則旣貽後日之悔，復懼沒世之譏，成敗利鈍，不敢計也。」（家書第二册，頁七七。）

從上面兩封信可以知道曾國藩的忠義。他自認是書生迂腐之見。中國儒家傳統觀念，以忠於正統之君爲臣子之責，清朝皇帝當時已是正統之君，曾國藩誓死忠於皇帝，上面所提曾國荃給曾國藩的信，內容不可知，但從曾國藩的復信，可以猜到有勸國藩放棄清朝，自立爲主的言論，曾國藩乃罵說：「天下之事變多矣，義理亦深矣，人情難知，天道亦難測，而吾弟爲此一手遮天之辭，狂妄無稽之語，不知果何所事。」

後世論曾國藩的人，也多批評他不背棄滿清，自創漢人朝廷。然曾國藩以自己書生之見，決不做這事；而且他看當時的情勢，也決不可爲。清朝雖已經無爲，但李鴻章的淮軍，左宗棠的楚軍，江西的沈葆禎，雖係曾國藩所保薦，不和他同心，然他最怕不受控制的弟弟曾國荃的跋扈，自作主張。他所以忠於清朝，明哲保全家。

八、結　語

曾國藩家書所表達的家庭形態，爲一個典型的儒家傳統家庭。曾家當時爲侯府相府，曾國藩卻極力保全祖傳的半耕半讀的家風，謙虛勤儉的家德，在盛時不顯露驕奢，衰時仍能持久。

家書的倫理，以兄弟的倫理最受注意，曾國藩說：「予生于倫常中，惟兄弟一倫抱愧尤深。蓋父親以其所知盡以教我，而我不能以吾所知者盡教諸弟，是不孝之大者也。」（家書第一册，頁四九，致溫等四弟），家書的大部份都是給弟弟的信，不厭其煩的勸勉弟弟。對於父親，他敢於進言，「但當諭親於道，不可庇議細節。」（家書第一册，頁七一）對於女兒，則講「三綱之道，君爲臣綱，父爲子綱，夫爲妻綱。……夫雖不賢，妻不可以不順。吾家讀書居官，世守禮義，爾當誥戒大妹三妹忍耐順受。」（家書第三册，頁一二七一 寄紀澤）

現在社會遽變，大家庭變爲小家庭，五倫道德幾乎已不存在；但是我們仍要保持曾國藩對家庭的理想；家庭爲人品道德的搖籃，爲人生情感的總滙；兄弟和睦爲事業成功的妙訣，家人勤儉是家境持久不敗的要道。居心謙虛，以體認自身成功乃先人的遺澤；力求檢點，爲後人留福德，家庭乃是生命共同體，生命所有互相流通，人生乃不孤獨，身心可得平衡。

目前，中國家庭，不僅是組織上解體，尤其是精神上崩潰，夫妻反目，輕易離婚；父母子女，代溝不通；老親被棄，幼少無依。而且淫佚奢侈，絕無家風。在另外一面，臺灣的財團，卻都是家庭兄弟合資。我們誦讀曾國藩家書，感慨實多。一位身處亂世，位居統帥總督，天天不忘自己的家庭，時時爲家風家聲着想，因而子孫乃能百年受福。我在文中，多引家書原文，期望大家面對與人的話語，倍覺親切，激發心中同情和反省。

十四、王船山思想的體系

本年六月三月到六日，文化建設委員會在故宮博物院，舉辦「王船山學術研討會」，由中國哲學會、故宮博物院與輔仁大學聯合承辦；教育部和力霸公司協辦。

去年十一月，大陸學人在湖南衡陽舉行了王船山逝世三百週年國際學術研討會，一百多位學人參加。衡陽是王船山的故鄉；他生在衡陽，住在衡陽，葬在衡陽。但是他不是因爲考試落第，布衣終身。他一生辭官不做，埋身草莽，反對滿清外族入主中國，去世以前，自題墓石說：

抱劉越石之孤憤而命無從致，
希張橫渠之正學而力不能企。

王船山的墓在衡陽金蘭鄉大羅山，墓碑刻「明徵仕郎行人王公薑齋府君之墓。」兩旁有兩幅石刻對聯：「前朝乾淨土，高節大羅山。」「世臣喬木千年樹，南國儒林第一人。」

王船山生於萬曆四十七年(公元一六一九)己未九月初一日，卒於清康熙三十一年(公元一六九二)正月初二日，年七十四歲。船王先生，名夫之，字而農，號薑齋。晚年居於湘西左石船山，自稱船山老人船山老農，學者稱船山先生。年二十四，同長兄介之應湖廣鄉試，都獲中舉。次年，張獻忠陷衡州，捉拿他的父親作人質，逼他投降。船山自己刺傷全身，叫人抬著往見，乃得脫免，走匿雙峰嶺下，築室名續夢庵。二十六歲時(公元一六四四)李自成陷京師，清兵入關，崇禎帝自縊，船山作悲憤詩一百韻，悲憤數天不進食，遷居黑沙潭雙髻峰。兩年後，明福王被殺，船山續寫悲憤詩一百韻。二十八歲，明唐王被執，再續悲憤詩一百韻。次年明桂王至武岡州，船山由湘鄉間道奔赴，因霪雨連月，被阻山中，不果往。清兵克衡州，避居蓮花峰，研究易經。桂王遷南寧，船山往奔行在，因著父喪，辭不受官職。三十二歲(公元一六五〇)船山在梧州，就行人司行人介子職，被王化澄陷害，幾死。往桂林，依瞿式耜。八月，母親去世，清兵陷桂林，瞿式耜殉節，船山乃回鄉，浪遊滂溪、郴州、萊陽、晉寧、漣邵，又匿入常甯猺洞，變姓名爲猺人。四十歲時(公元一六五八)徙歸衡陽，居蓮花峰下。後二年，徙居湘西金蘭鄉高節里，造小屋，名曰敗葉廬。公元一六六二年，桂王被執，又續悲憤詩一百韻。遷居船山，築土屋，號觀生居，稍後，在附近二里許築草屋，曰湘西草堂，作為定居的小屋。公元一六七八年，吳三桂據衡陽稱帝，迫船山寫勸進表，船山逃入深山，吳三桂卒，兒子吳世璠繼位，世璠敗亡，船山回湘西草堂，繼續授徒、寫書。公元一六九二年，清康熙三十一年壬申，正月初二，卒葬於高節里大樂山。

船山著作很多，專精於易學、理學、歷史哲學。在各種著作裏，常流露他心中追念明朝，痛恨外族滿人入主中國的憤慨。在宋論書中，評宋朝亡於蒙古元人說：「漢唐之亡，皆自亡也，宋亡，則舉黃帝堯舜以來道法相傳之天下而亡之也。……孰令宋之失道若斯其愚邪！天地之氣五百餘年而必復，周亡而天下一，宋興而割據絕，後有起者，鑒於斯以立國，庶有待乎！平其情，公其志，立其義，以奠其繼，斯則繼軒轅大禹而允為天地之肖子也夫。」（宋論 卷十五）

船山在史論裏，對於華夷的分別很嚴明。「夷狄之與華夏，所生地異，其氣異矣。氣異而習異，習異而所知所行蔑不異矣。異種者，其質異也；質異而習異，習異而所知所行蔑不異矣。」（讀通鑑論 卷十四 東晉哀帝）。他看夷狄人有如羅馬人看奴隸，不承認他們享有人權，祇是主人的所有物，可賣可殺。他說：「人與人相於，信義而已矣。信義之施，人與人之相於而已矣，未聞以信義施之虎狼與蜂蠆也。……故曰：夷狄者，殲之不為不仁，奪之不為不義，誘之不為不信，何也？信義者，人與人相於之道，非以施之夷狄也。」（同上 卷四 漢昭帝）

華夏和夷狄的分別，由於地域不同，氣質互異。船山說：「天以洪鈞一氣，生長萬物，而地限之以其域，天氣亦隨之而變，天命亦隨之而殊。中國之形如箕，坤維其膺也。山兩分而迤，起自賀蘭，東垂於碣石，南自岷山，東垂於五嶺，而中爲奧區，爲神皐焉。故裔夷者如衣之裔垂於邊幅，而因山阻漠以自立。……濫而進宅乎神皐焉，雖不歆其利也，地之所不宜，天之所不佑，性之所不順，命之所不安，是故拓拔氏遷洛而敗，完顏氏遷蔡而亡。」（讀通鑑論　卷十三　晉成帝）縱使夷狄入主中國，採用夏漢文物制度，必喪失本身的民族性而取滅亡。「夷狄而教先王法，未有不亡者也。……沐猴而冠，爲時大妖，先王之道不可竊，亦嚴矣哉。」（同上　卷十四　晉孝帝）

他在清朝統治之下，不承認清朝的統治權，作永曆實錄二十六卷。第一卷開卷大行皇帝紀，紀明桂王卽位肇慶，改明年爲永曆元年。按年紀事，永曆十六年，吳三桂弑上於雲南及皇后。其他各卷，爲永曆朝的忠臣叛臣立傳。

船山又著黃書，說明他的政治理想。黃書共七章，第一章原極，「保我族類洋洋之大，脈脈之傳。」第二章古儀，「深仁大計，建民固本，淸族類，拒外侮之謀。」第三章宰制，說明我河山氣概，「濯秦愚，刷宋恥」。第四章愼選，「抑浮燥，登德行，立庠序，講正學，厲廉恥。」第五章任官，「公其心，去其危，盡中樞之智力，治軒轅之天下，族類強植，仁勇競命。」第六章大正，「湔惡俗，極民瘵，創業中興。」第七章離合，「地有必爭，天有必順，氣有必養，誼有必正，道有必反，物有必惜，權有必謹，輔有必疆。」「亂極而離，離極而又合，合而後聖人作焉。受命定符，握權表正，以擬保中區之太和。」船山遵循中國歷史哲學的傳統信念，深信將有正命天子，結束滿清的變亂，恢復華夏的正統。

「南國儒林第一人」，王船山的墓園石刻對聯的這句評語，可謂非常中肯。從中國學術史去看，在詩賦裏，屈原應是南國第一詩人。從儒學去看，宋朝理學家周敦頤和張南軒應是南國名家，但就學術思想的淵博去說，還是明末清初的王船山，應是「南國儒林第一人」。王船山一生沒有做官，祇有短暫幾年在肇慶爲永曆皇供職，一生讀書寫作，著書八十八種，屬於經類二十四種，史類五種，子類十八種，集類四十一種，其中佚失的頗多。長沙嶽麓書社現正出版船山全書，共十六册，收有著作四十九種。

王船山的哲學思想，以易經爲根據，再採納張載的思想，加以發揮，成爲他的形上學。易傳講宇宙變化的歷程，以「易有太極，是生兩儀，兩儀生四象，四象生八卦。」宋朝周敦頤採納漢朝易學的思想作太極圖說，以太極而無極，太極生陰陽，陰陽生五行，五行生男女，男女生萬物。張載則以太和和太虛，代替周敦頤的太極和無極。太和爲氣的本體，不分陰陽，稱爲太虛。王船山接受張載的太和太虛，但以氣的本體已分陰陽，祇是隱而不顯。這是王船山的特點，所以在易經解釋上，他主張「乾坤並建」，但不是二元，而是一氣的兩類。宇宙內沒有純陽無陰的氣，也沒有純陰無陽的氣，陽中有陰、陰中有陽。動靜爲陰陽的特性，動中有靜，靜中有陰。

氣有陰陽，陰陽有動靜，動靜有聚有散，有進有退，變化無窮，化生萬物。氣變化的理，含在氣中。變化的理，爲繼續變化，循環不已。元氣變化生物，物化回歸元氣。氣在化生的物體內，仍繼續變化，王船山倡「命日降性日生」的主張。人在出生時，因天命而成人性。天命爲太虛變化之理，規範氣的變化。人性因天命之理而成，人形則由陰陽五行之氣而成。陰陽五行之氣在人內繼續變化，人性也隨著發展，然而一個人的性的根本則不變，常是同一個人，因爲天命之理不變。此與中庸第二十二章之盡性思想相符。

宇宙整體具有天德天道，天德爲體，天道爲用，天體爲精神性，因而宇宙的變化，神妙莫測，化生萬物。變化的本體爲氣，宇宙變化爲一氣的運行、氣運始生時爲機，氣運已成則成勢，迭有盛衰，盛而衰，衰而盛，循環不息。人類社會事事物物也爲一氣的運行，易傳以天道地道人道並列，合爲三才，人道和天道地道相通，人和萬物一體。

人類社會事物的表現，一爲倫理，一爲歷史。人的生命爲倫理善德生命；倫理善德由陰陽五行的氣所凝聚而成，氣凝聚所成的性，繼續發展，乃成倫理善德生活。人的生活便是發展善德，應常誠於自己的人性。中庸講誠講中，誠是率性，中庸說「率性之謂道」；中爲人性的天生傾向，一切變化常求平衡，不偏不倚，不過不及。易經的時位常求中正，中正在人便爲中庸。

倫理善德生命的內在意義和精神，在於化育生命，化育生命在宇宙爲天地的大德，乃上天好生之心；在人則爲仁。易經以仁爲元，爲生命的資始和資生。生命始生以後，有亨利貞。人的善德生命，開始爲仁，然後有義禮智，但是亨利貞不能脫離元，義禮智也不能脫離仁。儒家繼續孔子以「仁」貫通一切。孔子曾經說，「吾道一以貫之。」在實際生活上，仁道卽是人心之道。人的倫理生活由人心去活動，活動的進行，爲大學所說的正心；正心在於守敬，守敬使心常存於正，正卽是仁義。王船山生於明末淸初的時際，外族入主中國，他認爲亂世，亂世須重嚴肅，他一生持身非常嚴，窮到沒有紙可以寫作，仍一絲不苟。向親友借紙寫書，寫後歸還所借的紙，自己不存原稿。所以他的著作散失，不易收集。這種嚴肅精神，常表現在他的史論中。最顯著的一個例子是他最不滿於三蘇的人格，尤其痛斥蘇軾的浪漫生活，責以宋朝黨禍起於三蘇。

史論，爲王船山學術思想的重要部分。中國歷史哲學有尙書的天命史觀。有孔子春秋的倫理史觀，有易經的氣運史觀。王船山的史論著作，有春秋家說，春秋世論有讀通鑑論，宋論。他接受尙書的天命史觀，以君主由上天所選。在宋論的第一篇，說明上天選擇君王，第一選有德的人，例如湯王武王；第二選有功的人，例如漢高祖、唐高祖；第三在沒有上面兩類的人的時際，上天選將來可以治國的人，這就是宋太祖。天命的思想，不僅在君王的選擇，在國家的大事上，也是歷史的軌範。對史事的評論，絕對遵循春秋的原則，以倫理爲標準，一個人的功過，也以倫理的準衡。

對於史事的變化，王船山喜歡借用易經的氣運思想，使歷史評論另開生面，提出機「字」「勢」字，造成了「時機，時勢」的名詞。一樁歷史史跡在將發生還尚未發生的時候，稱爲史事的機。大的政治家有見機的能力，知道防亂於未然。將發生的事爲好事，則助它發生；將發生的事是亂事，則予以阻止。事既發生，成爲時勢，則因時順勢，若違乎時勢，必被滅敗。王船山在春秋世論一書中說：「太上治時，其以先時，其次因時，最下亟違乎時；亟違乎時，亡之疾矣。」時勢已成，靜待過去。王船山說：「天下之勢，極則變，已變則因。」勢不能持久，久必變。他在宋論第七卷說：「極重之勢，其末必輕，輕則反之易，此勢之必然者也。順必然之勢者，理也。」我們可以舉例如蘇聯共黨的勢力，末後很輕，反倒它是易事。王船山在春秋家說書中第一卷說：「大勝不以力，大力不以爭，大爭不以劇，故曰小不忍則亂大謀。」大勝爲整個事局的勝，是人心的勝，不能用戰爭武力去取得，必須持久以道德愛心才能夠收服。這一大原則正可以作我們大陸政策的標準。氣運是宇宙的變化，有天道地道的規律，天道地道爲天命，天命以氣運化生萬物，有利於化生，不有害於萬物。人道遵循天道地道，也必有利於人的心靈生命，故人道爲仁道，仁道用於人生，仁道運用於歷史。人和萬物相連，萬物和宇宙相連，宇宙萬物連爲一體，在天地大化的流行中，生生不息，王船山在張載正蒙「乾稱篇」下註釋中說：「天下之物，皆天命所流行，太和所屈伸之化，既有形而又各成其陰陽剛柔之體，故一而異。惟其本一，故能合，惟其異，故必須相成而有合。」

宇宙萬物，人世社會，一氣所成，彼此相通；各有本體，本體不同，互相融洽，以得和諧；人世社會乃爲一祥和社會，宇宙萬物，成爲風調雨順，生氣蓬勃的天地。

這是王船山哲學思想的大綱，接成一個系統，他思想的特點，則是他的民族思想。

附錄

一、生命與信仰互融的智慧

——談羅光教授的生命智慧

周景勳　香港聖神修院神哲學院哲學部主任

導言

羅光教授在八十歲那一年寫了一篇對自己過去研究「中國哲學」，及思考「生命哲學」等生命事工的簡介和寄望的文章：「八十總結開新生」。這篇文章雖然簡單，卻展現出一份生命的發揚、創生、旋律和超越：在其內，更將生命與信仰交織在一起，也將生命、信仰和文化熔為一爐，這實在是羅教授的生命智慧，這份生命智慧實在也就是羅教授的人生目標和信仰精神的合一，誠如在文章的開端，羅教授說：

『人生七十古來稀』現在已不足為稀，八十仍舊不算為普通年歲。我這個有天主教信仰，又遵守儒家遺訓的人，常以『天人合一』，同天主相結合為人生目標，八十年來，天天在人間的事務裏忙來忙去，教育事業和研究學術雖說是精神的功作，仍舊將就的心牽掛在人世的事上，不克經常反親自心，面對心內的天主。我乃決定在八十歲，對於人世間的事作一次總結。

「羅教授這一份「生命與信仰互融的智慧」實在就是自我生命的「反觀」的成果，卽反觀自心以見心中的基督，相應着他研究中國哲學所體會到的「反觀自心以見本性」。

於是，吾人從羅教授生命哲學的生命超越的反觀，和他那一份信仰的執中裏，體驗到他有一股信仰和生命融貫在文化精髓中的力量和智慧；這份智慧引導他的生命趨向無限的眞善美，與基督的神性生命相合爲一：這也是他在中國的生命哲學中體悟到的「生命超越」的層面——與絕對體相合的境界。羅教授說：

我的精神生命，趨向無限的絕對真美善，又與基督的神性生命相合為一，我的精神生命乃在本體上超越宇宙萬物的自然界物體，攝昇到神性的本體。我精神生命的活動也日漸超越宇宙萬物，雖同萬物活在宇宙中，我精神生命的活動在目的和本質上，却屬於超宇宙的神性生活，且與絕對真美善的造物主天主相接。

> 在中國的生命哲學中，儒佛道都趨求生命的超越，儒家以『天人合一』，道家以『與道冥合』，佛教以『進涅槃』為目的，都追求人的生命超越宇宙，達到與絕對體相合的境界。[1]

為了清晰地介紹羅光教授的「生命哲學與中國哲學的精神，和生活的修養與境界」的智慧[2]，吾人從三方面加以探討和說明：

一、創生力
二、崇實知天
三、純明神通的修養

一、創生力

這裏所說的「創生力」有別於「創造力」。

所謂「創造力」乃指向宇宙萬物的根源而說的，即在宇宙萬物的變化中，必定須有一絕對的實體作為第一根源，為第一動力因；即宇宙萬物不能自有，必定是受造的，創造宇宙萬物的純粹性和絕對性的實體，必定要超越宇宙之上的，且在創造宇宙萬物時，創造主不用自己的本性本體，而是用自己的力；這種力，稱爲「創造力」❸。

所謂「創生力」，羅教授強調：「創造主以創造力創造了『創生力』，『創生力』化生宇宙萬物。」❹可見，創生力與創造力是互相相連的；它是分受創造力之「力」而繼續發揮宇宙萬物的生化活動，故創生力是「力」，是宇宙一切變易的發動力，也是創化生命的力，所以羅教授認爲：「創生力由創造力得到『力』，……創生力不能脫離創造力，好比電流不能脫離電源。創生力在開始時，卽推動變化，變化的次序和過程，按照創造主智慧所定的自然法進行。……物的化生只是化生，不是創造，因爲不是從無中生有，物之理已是創生力的質中的潛能，質是由創生力的質中之原素而合成。」❺

羅教授將士林哲學的「潛能」到「現實」的動力的思想，配合了中國哲學的「生生之謂易。」的生化變易思想，故說：「創生力在整個宇宙裏，是宇宙存在和變化的力，也就是宇宙的存在和變化。……變化是進化的，依照自然法而前進；但不是物種進化論。一物的理，不由另一物而生，而是已在創生力的質中之潛能，因着創生力的變化乃成爲現實。整個宇宙是一個創生力，整個宇宙的變化是一個變化。」❻

在羅教授的思想中，他認爲萬物的生命是互相連接的和互相流通的，因爲創生力就是宇宙存在的生命力，又是每一物存在的生命力；而生命力是不斷地在宇宙萬物內活動着，使之成爲不可分割的綿延生化地發展生命，這就是由「能」到「成」的創生力的活動；羅教授說：

> 我認為生命力就是創生力。我所講的生命，首先是中國哲學所講的內在的變易；其次變易則是由『能到成』的行，生命所以是『行』。『行』的動因則是創生力。……我存在，由創生力使我有生命，生命常變易，又須創生力繼續維持，我的存在是生命，生命是變易，變易是創生力。❼

「創生力」是羅教授生命哲學的一項創新的思想智慧，乃在於平衡「創造」與「進化」的衝突，使生命在變易的進化中，不致脫離了創造，而是分享着創造力，在創造力的「能」到「成」中繼續發展「能」到「成」的「行」；因爲生命的成因在於變易，而變化的成因有其起點和終點，就是動的過程；起點爲「能」終點爲「成」，動的過程爲「行」，宇宙萬有的存在是由「能」到「成」的繼續的「行」。每一物體的存在不是固定的存在，因爲並不是一次由「能」到「成」這個「成」就固定存在了，它的存在延續下去，是一次一次地由「能」到成」，繼續的「行」。於是，宇宙萬物的「存在」必定常繼續由能到成，也必定常有「行」、「成」才是「存在」，「存在」也就是「行」，而由這種「行」應是「內在的」，所以稱爲「生命」；「生命」常是「整體」，故萬物的實體存在因着生命而成爲「一、眞、善、美。」

羅教授的生命哲學不脫離信仰中的創造主，也不脫離士林哲學的形上基礎，亦不脫離中國哲學的生生變易思想，更將這三者融會貫通，發展了自己的「創生力」的智慧思路，倘若以「人」作爲例子，羅教授說：

人的『在』，是創造主以自己的創造力，創造創生力，創生力使實體存在。創造主對人的創造觀念是人的『理』，是人的靈魂。創生力使對人的創造觀念得以實際存在時，是用男女的精卵相結為質料，精卵相結成的胚胎為人的質，卽人的肉體或身體。靈魂和身體因創生力而結成一個人。身體是物質，靈魂是精神，靈魂為人的『理』，『理』實際存在時，也該有質，靈魂的質是精神質，我們常說人是心物合一，卽是精神和物質。由創生力相結合。一個人是單獨的實體，是一個『自我』。靈魂由創生力直接而成，肉體由父母血肉的創生力而形成。靈魂是人的生命中心，生命進入肉體內，靈魂和肉體結成一個實體，人的實體因生命而存在，人的『在』，卽是『生命』。❽

生命的發展在於落實地生活；於是，人要在「創生力」中維持造物主在人生命中的「繼續的創造」，以把握「自我」，以能意識到「求美、求善、求眞的生活，以求生命的發展。」❾其實，「求美、求善、求眞，都在發展每個人所有的『能』，發展的活動，由『生命力』發動，每個人由『創生力』得有『生命力』，『生命力』，就是『創生力』在每個人本體內的活力，這種活力使自我常由『能』到『成』，這種繼續由『能』到『成』的變易，即是人的生活，在人的生活中，有生理生活、有感覺生活、有心靈生活。」⑩

人在生命的發展中，必定要運用生命力去發揚生命，就是要不斷地「創新」，使自己不停滯地活下去，這就是儒家家所說的「盡性」（中庸），以達「至誠」（中庸），「至善」（大學）而爲「聖人」，也就是所謂的「返本歸原」，即要歸到絕對的無限眞善美——生命的主。

在「返本歸原」之際，人的生命有着「生命的旋律」，就是人的生命在天地萬物的衍化大流中與其他生命緊相連繫，使人的生命（心靈）在宇宙美景中，拓廣到天之高、地之深，更擴充到無限；若在信仰的層面中表達，乃言：「我的心靈因萬物的美好，上升到造物主天主，在造物的美好中，欣賞詠讚天主的美善。」⑪若在中國哲學（文化）的層面中表達，就是：「心飛越宇宙，卻在自己內面深處，體認『萬物皆備於我』（孟子盡心下篇），和崇實知天知命地達到『從心所欲不踰矩』（論語　爲政篇）的生命超越。」⑫

生命的超越實在是羅教授生命哲學的終極點，就是指生命（人的精神生命）以「與基督的神性生命相合爲一」，即「與絕對眞善美的造物主天主相接」，也就是儒家以「天人合一」、道家以「與道冥合」，佛教以「進涅槃」爲目的所追求的理想。這理想爲羅教授來說更是「生命圓融」——「愛的圓融」——心靈生命充滿了愛，生命根由之愛，使現世的一言一行、一舉一動，都留有天上的一股清香氣息。⓭

二、崇實知天

生命的發展必定要落實於生活中，而不是空掛在抽象的觀念裏；故此，人的生命必須在「創生力」的變易中有「行」，「行」便構成生命哲學中的「生活觀」，指引人的生活趨向目的。西方哲學因着宗教信仰與生命的結合，引導人走向永遠生命的目的，即現世的生命爲一旅程，永遠生命才是生命終極目的。而中國哲學在「行」上乃講「人生之道」，這個「人生」是指現世的實際人生。⓮中國哲學在傳統儒家的影響下，其基本精神乃一種重實的精神，指示人善渡現世的生活，我們可從書經中的「鴻範九疇」所指的實際事宜得知⓯；也可從易經的八卦和天地變易現象，以及所描述的實際生活事例可知。⓰藉此，要求人能「素其位而行」（中庸），即爲其所當爲者；然而，在「盡力爲之」之下，必須有「順受其正」（孟子盡心上篇）的安命知天基礎，好能在己之內活出「內聖」，在己之外活出「外王」，即能「正己安人」。⓱這樣，人與人的生命得以調協，甚至宇宙萬物在生命上亦能互相聯繫、互相調協，人的生命跟天地的自然規律在安命的中和下相契合，萬物也因此而得以發育：「致中和，天地位焉，萬物育焉。」（中庸）而生命的調協，實在使人能發揚自己的本性，以至能參贊天地的化育（中庸），故儒家有「天地有好生之德」和「天地以生物爲心」的思想，更有「人得天地之心而爲心，人心故仁」的精神。[18]

羅教授在談生命的發展時說：「中國的形上學不分析生命的意義，而從動的方面講生命的發展。生命的發展分成兩大部份：第一，物的化生程序；第二，人的修養。」[19]吾人也嘗試從這兩大部份綜合羅教授的思想，以闡述其「創生力」思想與崇實知天的聯繫。其實，在羅教授的思想中，物的化生程序就是「創生力」在萬物中的由「能到成」以至於「行」的表達；而人的修養則爲人在「創生力」的「行」中「順天安命」的落實生活，以求能做到「參贊天地化育」之「天人合一」的超越境界。

1. 物的化生程序

物的化生以「變」爲徵要，在「變」中有「生生」，故易傳以變易爲化生生命的能力，變易能貫通天地萬物，「生生之謂易」（繫辭上　第五章）。而變易的成因有其起點：「能」，和終點：「成」，其程序乃「行」，故在「能」到「成」而「行」中展現了生命底創生力：「是故易有太極，是生兩儀，兩儀生四象，四象生八卦。」（繫辭上　第十一章）八卦變而爲六十四卦，六十四卦代表天地萬物，萬物產生的程序也是卦的程序。[20]同樣的，每一卦代表宇宙的一種變化現象，每一變化現象皆由陽陰二爻在六位裏，上下變動位置而起變化，而每一種變化現象都是天地人的變化，亦是宇宙的變化，於是天地人結合爲一體。[21]

可見，宇宙的變化乃陰與陽兩元素，即由陰陽的結合而成，其目的在於使萬物化生，使萬物能成其性，所以易傳繫辭下第五章言：「天地絪緼，萬物化醇。男女構精，萬物化生。」㉒

羅教授在言易經的宇宙變化時認為，其變化有其目的，那就是「生生之仁」，因為易經在講宇宙變化時，稱之為天地之大德：「天地之大德曰生，聖人之大寶曰位，何以守位？曰仁。」（繫辭下第一章）仁就是「好生之德」，仁和生緊緊相連；若落實於人的生命中言，天地變化的原則就是人的生活原則，即以天地之心為心，此心必定是仁，唯聖人能感於此而以仁守位配天安命，亦能與天地相通，即能自化而化民，仁民而愛物，其智慧周涵萬物，仁道濟愛天下；其精神周流在萬物中，乃能樂天知命，這表示聖人體驗天地萬物一體，表現於自己的生活中。㉓可見，聖人和宇宙萬物的生命的相通在於「仁」，即王陽明所講天地萬物的「一體之仁」。（大學問）

2. 人的修養

「仁」在生生中顯示天道的精神乃使宇宙萬物在化生中能有其次序，同時也能互相調節，即宇宙間的化生次序在於調節自然界的變化現象，使之不紊亂，且協助有生命之物能夠發育生長，人可以藉着生物來維持生命，這種助長生物的精神，表明上天有好生之心之德。孔子羨慕這種天道，也看到聖人能行仁而與天道相通，故願意身體力行之，於是將這天道的生生之仁落實在人道的思想中，故人道也必須有「次序」，有「調節」，有「好生」，藉此以幫助人發展自己的生命。因此，孔子以「仁」包含着代表「次序」的禮，代表「調節」的中庸，代表「好生」的仁愛，㉔作爲修養的要求。

「禮」在於助人立身以承天道，若不學禮，則無以立（論語 季氏篇），人的行動當效法天道的次序，使生活不紊亂而能正心和諧，所以禮的精神在於「仁」：「克己復禮爲仁。」（論語 顏淵篇）

「中庸」之道乃指宇宙萬物在化生的變化裏，能各得其中，互相調協；同樣地，在人的修養行動中，當常得其中而恰到好處地依於仁。

「仁愛」者在於「親親仁民愛物」（孟子盡心上篇）的好生，目的在於致中和而發育萬物，更能「修己以敬」、「修己以安人」、「修己以安百姓」（論語 憲問篇），這就是發揮仁道。㉕

至於修養的原則，羅教授引用中庸第二十二章的內容來說明：

唯天下至誠，為能盡其性；能盡其性，則能盡人之性；能盡人之性，則能盡物之性；能盡物之性，則可以贊天地之化育；可以贊天地之化育，則可以與天地參矣。

羅教授說：「性爲理，在這裏所說的性，爲生命之理；因爲生命之理相同，故人發展自己的生命，便能發展別人的生命，也能發展物的生命。我要保全而發展我的存在，便要保全也發展人和物的存在。我的存在是生命，在生命上我和別的人物相聯繫。王陽明講一體之仁卽一體的生命，人的生命……和萬物的生命連接在一體之內。……也就是一體之仁的相愛。孟子說仁民而愛物，張載西銘說「民吾同胞，物吾與也」，這也是孔子所說的仁者立己立人，達己達人，乃是精神生活的最高峯。……人之心爲仁，由仁而和萬物相連，因相連而相愛，人乃仁民愛物以參天地的化育。」㉖

在中庸所引發出來的修養原則，及「仁」的修養要求中，吾人可看出羅教授很重視儒家的「內聖外王」精神，希望人人能在修身中把握住「心安」和「盡性」，務使自己的心靈與天地合其德地充滿天心的仁愛；更能「推己及人」地以「誠」行諸於世。㉗

三、純明神通的修養

羅教授畢身以信仰基督爲依歸，更將自己的生命奉獻於基督，爲信仰奮鬥和服務；可說：信仰就是他的生命。吾人從羅教授生命哲學底心靈超越的反觀中，體驗到他那一股心靈開放的追索，和他那一份信仰生命的力量；又從他遵守儒家遺訓的反思中，看到他那一份儒者君子的風範和允執厥中的精神；又從他努力將信仰體驗融貫在中國文化的血液裏的心願可知，他切實希望基督（天主教）的信仰與中國文化緊緊地扣合在一起，使之化成一體的生命。

於是，羅教授從天主教神修學的傳統思路：「『淨』（Purificatio）——心靈的淨化、『明』（Illumiratio）——進德修善、及『合』（Unificatio）——與主契合」的系統中，相應於他從中國文化的沉思中所獲得的生命體驗，以及他對自我生命追索的求知求眞求美求善的創造，找出生命在眞善美聖中的自由，以發展自我生命的旋律，誠心對主的展示了生命的超越，自我空虛地在愛的圓融裏成賢成聖，無我地唱出生命的智慧。㉘

羅教授在生命的智慧中提出：正心立志、守敬主一、淨心寡慾、誠心對主、自強不息等修養方法，以維護人與人相處的和諧共融，更能使人在修身正心上穩健地發揚自我的生命。㉙

生命的發揚必須自我不斷地在修持中成就的，所以在生命的修養中，自我勉勵是很重要的。於是，羅教授在「下學而上達」的謙卑心態下，找到了自我的生活標語，創造了自己的「中國靈修」路向，誠如他說：

> 我素日精神生活的標語，爲『純而明，明而神，神而通。』這三句取自中國的古書，『純而明』取自大學的『大學之道，在明明德』；『明而神』取自中庸的『大德敦化』；『神而通』則取自王陽明的『一體之仁』（大學問），

張載的『民吾同胞、物吾與也。』（正蒙西銘），但是我給三句標語，加予天主教精神生活的意義。天主教精神生活的意義，包涵在基督的山中聖訓和最後晚餐的聖訓裏。」㉚

「羅教授從「心地純淨乃眞理」（聖經瑪竇福音第五章第八節）這句話的啓示，配合了「大學之道，在明明德」的「明」的思索，引發了自己的靈修路向：「純而明」——止於至善、靜而后定、定而后安、心地光明、齋戒沐浴、成性存仁、心靈祥和、怡然自樂。一個人若能做到「心常主於一」，便能知「萬物皆備於我」，更了悟生活的目標，在以基督的生活爲自己的生活，即在於奉行天父的旨意（若望福音四章三十三節）；能奉行父旨的人，心中必有基督，基督便以聖神引人的心再一次歸向天父，心境便能常常祥和，無憂無懼，常安怡樂，故心常「明」。㉛

心常明，必能「虛明照鑑」；能照必能「德化眾生」、一如孟子所言：「夫君子所過者化，所存者神，上下與天地同流。」（盡心 上篇）也就是「大徵敦化」（中庸）的聖者，故能配天。羅教授在「純而明」之後，再進一層帶出「明而神」，藉以幫助人跨越自己，做到以德化人，正己正人，立己立人，達己達人。其路向乃：神而化之、肫肫其仁、大孝尊親、致知格物、無憂無懼、冰清玉潔、中正心謙、天倫之樂、以友輔仁、爲政以正。㉜

羅教授再進一步地說：「精神生活的境界，層層上升，純而明，明而神，神而通。通的意義，普通說是貫通。在精神生活上，莊子最注意『通』；……使自己的精神和道和天地和人物和世事，貫通無礙，順乎自然，一切天然，無知無欲，素樸天眞。儒家的聖人，以仁德的心和天地日月四時鬼神相通：『先天而天不違，後天而奉天時』（易經　乾卦文言）。基督的生命，既和天父相通，又和人類相通，且通於宇宙萬物，造成一種新天地。……人心（基督徒的心）以基督的生命，通於萬物；以基督的愛，愛惜萬物，在超越的境界裏，實現儒家的『參天地之化育』。」㉝其路向乃：通於世人、守口如瓶、通於萬物、天人合一。㉞

> 中國古代的傳統，常以天人合一為精神生命的根源和目標。儒家主張人與天地合德，以仁心參贊天地的化育，發揚萬物的生命。道家主張人的氣合於天地的元氣，再合於道，駕馭萬物，和天地而長終。佛教主張空虛自己，在自心顯現真如，進入涅槃，長樂我淨。我們（基督徒）領洗，因聖洗和基督結成一體。我們因基督和天主聖三相結合，在世界生活中以信德而渡過這種天人合一的生活，死後升天進入永生，乃完滿地實現天人的合一。

然而，在信徒的生活中，基督徒如何保持這份天人合一的境界呢？因爲人的軟弱和罪惡會使人與主分離，所以爲加強基督徒與主的結合，基督徒必須「通於聖事」常與主共融合一，因爲基督爲了加強信徒與祂的合一，建立了聖事，賦予人聖寵，聖寵乃是我們基督徒與基督合一的生命養料和力量。除了聖事之外，也必須「通於祈禱」，常常與主相晤交談，以達成一體的生命。基督徒既然與主有一體的生命，也就能將自己奉獻於主，分擔基督的救世贖世工程，即背十字架跟隨基督，這便是「通於痛苦」與基督合一。另一個與主相契合一的方法就是「默觀」，即在靜中體驗和觀想天父的偉大、寬恕、光明、慈悲、光明等，好能心靈安祥、純樸，同基督一起工作事主愛人，事事處處看到聖父的愛，時時刻刻尋求聖父的光榮㉟。

可見，羅教授從信仰的超越和中國文化的精髓，以及他自己的生命默靜中，體驗到生命必須與基督的生命相通，故人必須懂得「空虛自己」，不自我執著，以基督的心爲心，以基督的生命爲生命，通乎萬物；以基督空虛自己的愛，包容萬物、愛惜萬物，在生命的超越裏，實現「天人合一」、「道通爲一」、「圓融一體」的靈修生活。

結語——生命的超越

羅光教授在生命哲學中所追求的是要結合哲學與宗教信仰，致力於哲學的思辨，探究生命終極的問題；他將生命終極的目標與宗教結合，再將中國傳統的文化扣緊着生命的信仰，使信仰落實在文化中以補足傳統儒家思想對生命的終極目標，在哲學上無法再延伸下去的，可以繼續有所發展，這不但沒有失去儒家思想的本貌，也不會將儒家宗教化，只不過是給予更新的詮釋，更健全儒家思想的完整性。㊱羅教授爲了緩和生命與信仰的衝突，信仰與文化的衝突，他運用了自己在思考反觀上的智慧，提出在創造力底下的創生力，即造物主在每一物體內（特別是人）賦予了創生力，創生力在分享造物主創造的恩寵下，產生了「創新」的功能；「創新」的結果就是創生力的超越層面，所謂「超越」是指互相接觸的創生力，在互相調協、互相奉獻融合而成的，不是互相否定和互相排斥的。㊲可見，「創新」功能乃帶出生命的超越。

於是，人在生命的發揚中，必然意識到自我的生理生活、感性生活和理性生活是不可分割的「一體」生命，故互相之間是調協和諧的；同時，人也意識到自己是與生命外在的萬物可以相連，即從自我生命的開放，以貫通我與人的生命，也貫通到物的生命。㊳這種生命相通的體驗落實在信仰的超越中，就是與基督的生命相通、與教會相通，以肯定自己是一位奉獻於基督的人，在精神生活上必須有基督無私的愛人，才能達到通於人而無我地享有純淨愛心的神樂；透過信仰的落實於生命和文化中，羅教授更強調生命的歸依：

我希望我的精神生命能夠神化，直見天主的本體，我便要使我的精神生命歸向天主，誠心信仰天主的慈祥和美善。在我現世生活裏，我的價值觀決定以天主高於一切，作為我生活的目標。我又堅信我的生命本體已經超性化，和基督的生命本體成為一體。……信仰生活是活潑潑的生活，信仰支配我整體的生活，而且引導我的心靈常用祈禱的默靜，歸向天主。……我希望我的精神生命神化而融會在天主的生命中，我必定要『空虛自我的意識』。……㊴

生命的空虛使人了悟黑暗底的光明，得到心靈的淨化，體驗明德的在我心，創生力在自我生命底的創新，更無思無念無憂無慮地直觀眞善美的主，把握在基督內的「愛的圓融」的合一。羅教授的生命智慧就是將生命投進基督的生命中，再在基督的生命中把握了自己的生命，實在是自我生命的超越；倘若要說：「玄妙」，眞是玄之又玄，妙之又妙；倘若說是美善，眞是美中之美、善中之善。㊵

註　釋

❶ 羅光　生命哲學，臺灣學生書局，修訂三版，民七十九年，第六章，生命的超越，三〇一頁。

❷ 本文所根據的乃羅光教授三本重要的著作：

1.生命哲學　學生書局
2.中國哲學的精神　學生書局
3.生活的修養與境界　輔仁大學出版社
這三本書可以說是羅教授個人哲學智慧的創作，將西方士林哲學與中國哲學融會貫通的代表，也是他在思想會通下，將生命與信仰洛實的反省，化作自我生命的持養與靈修的生活力量。

③ 同❶，第二章，創造，四三至四五頁。
④ 同上，四六頁。
⑤ 同上，四六頁、四九頁、五〇頁。
⑥ 同上，五〇頁、五一頁。
⑦ 同上，第六章，生命，九九頁、一〇〇頁。
⑧ 同上，一三一至一三八頁。
⑨ 同上，第四章，生命的發展——生活，一九五頁。
⑩ 同上。
⑪ 同上，第五章，生命的旋律，二三四頁。
⑫ 同上，二三五頁。
⑬ 同上，第六章，生命的超越。
⑭ 在中國傳統的哲學思想中乃以儒家的思想爲核心，儒家的「崇實的精神」與道家引人走出現實以

避世和佛教教人拋棄宇宙以出世是不同的。

⑮「洪範九疇」都是實際生活上的事，要求當時的皇帝爲治國平天下應該盡心盡力注意的九項事務：「初一，曰五行。次二，曰敬用五事。次三，曰農用八政。次四，曰協用五紀。次五，曰建用皇極。次六，曰義用三德。次七，曰明用稽疑。次八，曰念用庶徵。次九，曰嚮用五福，威用六極。」

⑯易經中所有的是「辭、爻、象、占」，四者都用爲人的日常生活：「易有聖人之道四焉，以言者尚其辭，以動者尚其變，以制器者尚其象，以卜筮者尚其占。」（繫辭上第十章）

⑰羅光 中國哲學的精神，學生書局，民七十九年，一三至一七頁、一三一頁至一三六頁。又在中庸第十四章所言的「素其位而行」乃是一種實際的生活之道的指示：「君子素其位而行，不願乎其外。素富貴，行乎富貴。素貧賤，行乎貧賤。素夷狄，行乎夷狄。素患難，行乎患難。君子無入而不自得焉。在上位，不陵下；在下位，不援上。正己而不求於人，則無怨。上不怨天，下不尤人，故君子居易以俟命，人人行險以徼幸。」

⑱羅光 儒家哲學的體系，學生書局，民七十九年十一月修訂版，一〇〇至一〇三頁。

⑲同上，「中國哲學中生命的意義」，八八頁。

⑳同上，八九頁。

㉑同上，易經的生生，一七九至一八〇頁。

㉒同上，一九一頁。

所謂天地男女，都是代表陰陽兩個元素。周易本義的注釋說：「絪縕元素。周易本義的注釋說：
「絪縕，交密之狀。醇，謂厚而凝也，言氣化者也。化生，形化者也。」

㉓ 同上　一八〇至一八一頁。
易傳繫辭上第四章言：「與天地相似，故不違，知周乎萬物而道濟天下，故不過。旁行而不流。
樂天知命，故不憂，安土敦乎仁，故能愛。」

㉔ 羅光　中國哲學的展望，學生書局，民七十四年「孔子思想系統觀」二六三至二七二
頁。

㉕ 同上。

㉖ 同⑱，中國哲學中生命的意義，九〇至九一頁。

㉗ 同⑰，「崇實——實有、實際」，二六至三一頁。

㉘ 周景勳　超越生命的沉思「哲學與文化」月刊第二〇〇期，第十八卷第一期，民八十年一月出
版，三四至三七頁。

㉙ 同❶，第五章，生命的旋律，二六九至二八七頁。
羅光　生活的修養與境界　輔仁大學出版社，民七十六年十二月初版，二頁。

㉚ 作者按：基督的山中聖訓內容很豐富，乃指導人渡一個聖善的生活，其中以「眞福八端」爲核
心。即
「赤貧的人是有福的，因爲天國是他們的。

哀慟的人是有福的，因爲他們要受安慰。
溫良的人是有福的，因爲他們要承受土地。
饑渴慕義的人是有福的，因爲他們要得飽飫。
憐憫人的人是有福的，因爲他們要受憐憫。
心裏潔淨的人是有福的，因爲他們要看見天主。
締造和平的人是有福的，因爲他們要稱爲天主的子女。
爲義而受迫害的人是有福的，因爲天國是他們的。」

（可參閱聖經瑪竇福音第五、六、七章）

至於最後晚餐的聖訓之內容，其重點在於「彼此洗脚」，這說明了愛的服務；耶穌更訓示了「彼此相愛」的命令，以及祂爲所有的人的祈禱，願衆人都在祂的愛內合而爲一。（可參閱聖經若望福音第十三章至第十七章）

㉛ 同上，一至六二頁。
㉜ 同上，六三至一三四頁。
㉝ 同上，一三五頁、一三六頁、一五六頁。
㉞ 同上，一五七頁。
㉟ 同上，一五七至一六六頁。
㊱ 汪惠娟　羅光總主教生命哲學之形上學，《哲學與文化》月刊，第二〇〇期，第十八卷第一期，

民八十年一月出版，三一頁、三二頁。

㊲ 同上，三〇頁。

㊳ 同㉘。

㊴ 同①三〇二至三〇五頁。

㊵ 羅光 生命哲學訂定本序，同①。

羅教授說：我曾寫「我的生命哲學」一文，對於生命的超越有以下的話：

「中國古代哲學，儒釋道三家都很明顯地指示人的生命應超越人世的有限界限。道家指示人忘掉形骸，以心神的元氣和宇宙的元氣相合，成爲『眞人』，長生不死，和宇宙而長終，莊子寓言眞人入火不焚，入水不濕，飄遊六合中。佛教指示人泯滅假心，尋到眞心，眞心卽眞我，眞我卽眞如，眞如卽絕對實體，人和眞如相合，進入涅槃，『常樂我淨』，常在、喜樂、眞我、潔淨。儒家指示人和天地合其德，與天地參，贊天地的化育，易經乾卦文言：『夫大人者，與天地合其德，與日月合其明，與四時合其序，與鬼神合其吉凶』。中國哲學都提挈人的精神生活，發展到無限的永恆境界。

但是我的生命，來自絕對的生命，和宇宙萬物的生命相合，我能『仁民而愛物』，我的生命通貫到宇宙萬物裏，有孟子所說的『浩然之氣』的境界，便要超越宇宙，面對絕對的生活；『愼終追遠』，始自絕對的生活，終於絕對的生命。

我的天主信仰指示我，我生命的歸宿，是回到造物主天主。天主是絕對的完全生命，是絕對的眞美善。我回到天主，因祂的永恆生命，而使我的生命永遠存在；因祂的絕對眞美善，我生命所追求的享受，乃能達到追求的目的。我的超越生命的完成是一種超越的圓融的愛，因爲天主是愛，絕對生命的生命就是愛。

在愛中，圓融爲一。天主教的超越生命，不是冷清的冰冷生命，不是消失感情的平靜生命，也不是空的虛浮生命，而是最實際、最有活力的超性生命；不是高飛天際傾向不可攀登的天主，而是天主在我心內的生命。超越生命是生命本體的體認生命，生命的根由和愛造生命的結合，人乃以整個心靈喊叫天主爲『天父』。」

二、羅光的生命哲學

李匡郎

一、前　言

本文嘗試對羅主教所提出的「生命哲學」加以探討，並把這個哲學思想體系置於當代來反省，希望能更明確的瞭解羅主教所提出對中國當代哲學指出的方向。

羅主教的「生命哲學」系統著作於民國七十四年出版，到現在已近九年，九年中修訂過兩次，於民國八十一年又寫了續編，解釋一些自認沒有說明白的觀念。對一個已提出的思想體系在九年中做如此的修訂是値得探討的。更且，在中國哲學的展望中，他肯定了生命哲學是中國傳薪哲學，並且是新哲學的展望。因此我們可以考察一下生命哲學在當代諸哲學體系中所呈現的型態。

本文分爲三部份，第一部份從羅主教的著作中探索，生命哲學由醞釀到體系的建立，到修訂的脈絡；第二部份嘗試瞭解羅主教生命哲學的意義；第三部份反省當代哲學中生命取向的型態，以及羅主教的生命哲學所提供的融合士林哲學，並以中國哲學的傳統加以解釋所呈現的意義，由於篇幅及時間所限，第三部分只提出一輪廓，待日後再加以研究。

由於師承羅主教，在立場上及對其所提的思想體系之偏愛是一定的，只希望能做到不溢美。在反省上也能不過當，並且在當代哲學的諸般型態中眞能找出一條大道。以此求教於大方之家。

二、生命哲學脈絡的探索

八十多年的歲月對一個剛落地的新生命來說是一段漫長遙遠的旅途，但對已歷閱過的羅主教卻還能發出如孔子般的「其爲人也，發憤忘食，樂以忘憂，不知老之將至云爾。」（論語　述而）自我肯定的豪語，或許他早已了悟這漫長的生之旅，只不過是通往永恆天鄉的刹那。

成爲一個人意味著什麼，人人似乎都有成爲眞正自己的強烈願望，但眞正能意識到生命是一不斷內在變易的本體，繼續的由『能』到『成』，並力圖在變易中奏出「苟日新，日日新，又日新。」的生命旋律，展現出生命超越的特質，是中國傳統知識份子的特性，也是儒家、道家、佛家思想的精華。正所謂「成己成物」，「君子所過者化，所存者神，上下與天地同流。」（孟子　盡心）羅主教不僅在生命的過程中驗證了，並且在其「生命哲學」中展現了這種境界。

生命哲學是羅主教哲學生命的文字顯像。爲了解一個思想體系，透過思想家本身的心路歷程，在其歷程中層層剝現，由醞釀到建立，由建立到修訂，由修訂到趨於完成，一級級的追索，是本節所要做的工作。

1. 醞釀期

寫作「生命哲學」的構想是在民國七十年之前，中國哲學思想史——清代篇完稿之時。「我想在兩三年內先寫……，然後寫一部我自己的哲學思想，我既然看到哲學的展望，我就要在這條展望的路上去做嘗試。」❶這條路就是「從詩書開始，中國生命的哲學，易經予以形上的哲學基礎，歷代儒者予以發揮，成爲儒家思想的脈絡，上下連貫，從古到今，道家、佛家也在生命的哲學上和儒家相通，生命便是中國哲學的精神，中國哲學將來的展望，便在生命之仁的哲學上往前走。」❷

民國七十年是羅主教哲學生命的一個里程碑，清代篇完稿，意味這十年來，對中國哲學思想史的解讀與寫作的一個句點，從此轉入另一個新的里程，我們追索民國七十年以前「生命哲學」在羅主教的著作中的形成樣態。

民國六十二年羅主教開始寫作中國哲學思想史——先秦篇，在「孔子與門弟子思想」一章中提出「生命哲學」，認爲「生命哲學，在中國哲學史上沒有這個名字，在西洋哲學史裏也只有現代才有這種哲學，但是在中國哲學思想裏，生命的思想充滿了儒家的哲學，從易經開始『生生之謂易。』把天地的變化都集在生命一點，生命成了宇宙的中心，孔子以仁爲自己的一貫之道，仁卽是生生，卽是愛惜生命，孔子仁的哲學便成了生命哲學。」❽

在民國六十一年出版的歷史哲學中，曾介紹西方二十世紀的歷史哲學，有德、法的生命哲學（Philosophy of Life），但在此時期羅主教以爲「生命哲學、人生哲學、精神科學，是相類似，生命哲學的是研究人生的經驗，以求得人生的意義，人生是人的精神活動，生命哲學也就可以稱爲精神哲學。」❹

民國六十三年發表的聖多瑪斯哲學對中國哲學的可能貢獻中云：「宇宙變易的目的，在於創造生命，生命的意義在人的生命裏完全實現，因著生命，宇宙萬物合成一體，一體的表現在於仁。」❺這段話可以說是生命哲學內容的基本架構，「生命」，「變易」，「仁」。民國六十五年發表的自我哲學中云：「中國哲學爲人的生命哲學，人的生命不是空的抽象問題，而是最具體的研究對象。」❻

民國六十六年有好幾篇文章提到「生命哲學」這個主題，並且認定中國哲學的傳統爲「生命哲學」。如：

我認為哲學的主題應該是人的生命。❼

中國的傳統哲學是一種生命哲學，……中國哲學在將來的發展，若要繼續以往中國哲學的傳統精神則要走向發展精神生命的路線。❽

中國哲學的特點在於講論生命，……這種生命哲學思想，為中國的傳統哲學思想，也是中國哲學的特色。❾

行的哲學，就是生命哲學，而且是人的精神生命之哲學。

……中國哲學在將來仍舊須要繼續發揚精神『生命哲學』，在天地萬物的大結合中顯出生命的活力，使人的精神浩然與天地相終始，而能超越宇宙以上，和絕對精神的造物主相接，……這種哲學乃是中國的生命哲學。」(同上)

民國六十六年是「生命哲學」系統明朗化的時期，已指出生命哲學1.是中國哲學的傳統；2.是中國哲學的新生；3.以易經的生生之謂易為理論基礎；和絕對精神的造物主相接。六十六年到七十年間有幾篇文章也代表「生命哲學」的主要觀念的形成。

易經生生的觀念，在中國哲學裏成了一個最基本的觀念，造成了中國哲學的特色，中國的哲學就是生命哲學。⓫

民國六十八年有兩篇文章直接的談「生命哲學」，爲中國哲學中生命的意義，及儒家的生命哲學。⓬

民國六十九年發表一篇生生之謂易，云：

> 中國的哲學思想，由古到今，以「生命」相貫通，生命為仁，……殊不知儒家的倫理道德以形上的生命哲學為基礎。⓭

從以上所徵引可以看出在民國七十年羅主教決定開始寫作「生命哲學」以前對「生命」做爲哲學的全部內容，貫通之道，是中國哲學思想的精華已肯定了，在架構上筆者以爲尙未臻成熟，到了七十年以後至七十三年完稿時這個體系才趨於明朗。

2. **建立期**

民國七十年中國哲學史淸代篇殺靑，羅主教自云：「看到哲學的展望」，「要寫一部我自己的哲學思想。」他就開始「在這條展望的路上去作嘗試。」⓮七十三年八月一日，生命哲學的序言完稿，七十四年元旦出版。在書序及緖論中羅主教表明了這個系統：

> 我這部書名為「生命哲學」，不是以哲學講生命，而是以生命講哲學，這

乃是儒家哲學的傳統。

因爲「哲學爲學術工作，乃生命的高度活動：哲學的研究對象乃是生命，爲我生命向各方面的表現。」但「生命的哲學，貫通了全部哲學的思想，結成一個生活的系統，不是『隔岸觀火』地研究哲學的對象，而是我在哲學的對象內生活。這就是中西哲學的結合，萬物爲『存有』，『存有』爲『生命』。」⑮當然羅主教先見的考慮到「生命哲學可以代表中國傳統哲學的革新而成爲中國的新哲學嗎？生命哲學可以作爲天主教思想和儒家思想的結合，成爲教會本地化的基礎嗎？」⑯由此我們更可以了解，這兩個問題其實就是生命哲學想要做到的境界。

在此我們看看作者自己對這系統的架構的說明，也是此書的六章：

第一章　我生命的體認，認識論

哲學研究宇宙萬有，萬有既是生，哲學便可稱為生命哲學。

生命哲學的第一步便研究理智和萬有的認識關係。稱之為我生命的體認即哲學的認識。

第二章　我生命的本體

理智的認識不是認識萬有的形色，而是萬有的本體，理智藉著感官的印象，進而和對象客體相結合，認識客體的本性，由本性進到本體，再下到個性的屬性是二部份的研究為哲學的形上學，本體論。

第三章　我的生命和宇宙

我生命的本體不是孤獨一個，而是存在於宇宙萬有之中宇宙的一極大的時空，和我的生命相連，哲學便研究宇宙萬物，……卽是哲學上的宇宙論。

第四章　生命與創造

人的生命乃宇宙萬有生命中最高最成全的，它的最高點在於心靈，……心靈的生命為理智和意志的生命。人因有理智和意志乃能創新發展人性生命，本書第四章，……卽哲學的理論心理學。

第五章　生命的旋律

人的生命的特有點為精神生命，生命為活動，在發展，宇宙的活動常繼續不停，生化不息，遵循一定的規律原則，易經稱為天道地道，人生命的活動，一定也有規律，易經稱為人道，本書第五章便研究精神生命的規律，……卽哲學的倫理學。

第六章　生命的超越

> 人的精神生命常變易，追求發展，精神發展力的本體雖有限，發展的對象則無限，人精神生命的發展傾向於無限，不能範圍在宇宙以內，中國儒釋道都講生命的超越，我信天主教，天主教講超本性的生命超越，本書第六章乃講生命的超越，卽精神發展論。

以上是作者明白的表示本書的結構，並說：「本書六章前後一貫，以形上學爲基礎，貫通倫理學和發展論，都以『存有』、『生命』爲基礎，形成一個系統的生命哲學。當然我們也可看出這是西洋傳統哲學的表現架構。

3. 修訂期

修訂期可分成三個階段，第一，爲七十四年～七十七年，第一次修訂；第二，爲七十七年～七十九年底，訂定本的出版，第三階段則是七十九年底到八十年，八十一年元月出版了一册續編，本文在行文中簡稱第一版、第二版、第三版、及續編。

第一階段——第二版

在第二版的序中羅主教云「五年來，我深入研究生命哲學的意義，漸漸有了新的構想。」這個構想也是在反省第一版「只想用『生命』貫通中國哲學和士林哲學，注意點在貫通，所以把中國哲學和士林哲學的重要部份都列舉在書裏，全書的次序也是傳統士林哲學的次序，……因而給人一個印象是在講士林哲學。」⑰但對「有」是什麼？認爲不必講也不能夠講。而中國哲學卻講了「有」是什麼。「有」是「變易」。「變易」是「生生」，「生生」是「生命」，但沒有講生命是什麼。因此羅主教把「生命哲學」是完全講生命，不僅以生命貫通一切，而是解釋生命的意義，由生命的意義解釋萬有。

爲解釋生命是什麼？羅主教用士林哲學的動因來說明「變易」，最後的動因是造物主的「創造神力」，「創造神力」發動宇宙開始的初次物體，予以「創生力」初次物體發動再次物體，以後陸續發動，陸續傳予「創生力」，然而從開始到現在，一切物體仍靠造物主的「創造神力」繼續支持，這種支持，等之於繼續創造，造物主的「創造神力」即是造物主生命的神力，這種生命的神力連繫了整個宇宙萬有，宇宙萬有在生命上乃有整體性，而宇宙萬物的生命也有整體性，由同一的「生命神力所發，分享造物主的生命。」

這是羅主教第一次用這些名詞來說明生命的意義及來源。

在書的結構上第二版的四、五兩章是第一版的五、六章。第二章加了論變易一節及生命的整體性，在這一節中他提出造物主的「創造神能」，「創造神力」並說「創造神力是生命」，說明了人的『在』來自造物主的「創造神力」，人的『一』也是來自「創造神力」。不僅人的一，宇宙的整體性，發展也都由「創造神力」所維繫著。

這次的修訂是一次里程碑式的修訂，所用的這些觀念第一次用來明確的說明變易、生命、存有、在的整體性。

雖然在結構上型式上打散了第一版原有的士林哲學型態，但在內在結構上乃是一個系統，在序中羅主教預見「出版後大概不容易被讀者明瞭，更不容易被讀者所接納」，但「我相信我的路線是不錯的。」不久在哲學與文化出刊一篇羅主教對一些意見的回應，名為「我的生命哲學」，此文以七小節說明之：

1. 儒家生命哲學
2. 生命的根源
3. 相對生命是由「能」到「成」的變易
4. 生命的整體性
5. 生命的意識
6. 生命的發展
7. 生命的超越

這個結構自成一個體系和書中所表現的不同，可以算是修訂版以後的反省。

第二階段——訂定本

兩年後生命哲學的「訂定本」面世，序言中云：「第一次的修改，在於增加『生命』的說明，初版的生命哲學試圖以『生命』貫通全部哲學，重點在貫通上。修訂本把重點放在『生命』上從哲學思維去解釋『生命』，……這次訂定本的修改在於講明生命的來源。……對於生命的發展，這次訂定本特別提出美善眞和愛的活動。」

在書的修改上和第二版比較

第一章（不變）

第二章　改爲創造、提出『創造力』『創生力』『創造主』，這些名詞做爲專節來討論。

第三章　生命大部份與第二版之第二章同，但把第二版第二章中的一些小節擴大。

第四章　生命的發展——生活，是原二版之第六章，我的生命，也把原來的小節提出成專節，如：眞、善、美，並提出愛，做爲連繫的力量，且新寫了一節發展歷程——歷史。

第五章　是原第四章

第六章　是原第五章

第三階段——續編

民國八十年八月底，羅主教結集了一年來對生命哲學一些觀念的反省的十二篇文章出版爲續編，在序言中云：

「去年底出版了生命哲學訂定本，全書已改了三次，我想不必再改了，但是後來考慮書中尙有幾點沒有多加發揮，而且『創生力』的意義還不大淸楚，須加以補充，便開始寫「宇宙」一篇。一面寫，一面思考，連帶引出了許多別的問題。」⑲這十二篇文章爲：一、宇宙；二、一的根基；三、二與變——陰陽；四、整體的實體；五、主體——我；六、合一的宇宙；七、圓滿的認識；八、倫理道德和生命；九、美與生命；十、歷史與生命；十一、文化與生命；十二、位格在當代哲學可有意義。

從這幾篇文章可以看出羅主教一面加強對「創生力」的解釋，一方面由生命哲學中理論基礎的建立，轉向實踐，談美學、歷史哲學、倫理學、文化哲學、生態學。在文中引了幾篇附錄，如，黑格爾美學中強調以生命爲基礎的美；伯格森的物理之道；熊十力的新唯識論；懷德黑的自然與生命；東舍的哲學人類學中位格的弔詭。在「宇宙」文中，以科學的理論，能量，力等概念來說明創造力、創生力。

以上的追索中，可以看出，羅主教對「生命哲學」這個系統從醞釀期的找到中國哲學中「生命哲學」的重要性與完整性；經過建立期以士林哲學的方法表現，而發現中國哲學中對生命起源理論的缺乏，而以「創造神力」、「創生力」、「四因說」，來補充之：到修訂期中加強「創造力」、「創生力」在宇宙間的整體意義，最後在續編中落實在文化與生態中人生命型態的各方面。經由近十年的思考、反省，再再希望早期的認定沒有偏差，從而建立一新中國的哲學基礎，指出一個方向。

三、生命哲學的根本意義

生命哲學在羅主教的著述中的意義爲何?

在生命哲學第一版的序中指出:「我的這本書名爲生命哲學,不是以哲學講生命,而是以生命講哲學,這乃是儒家哲學的傳統。」⑳「哲學研究宇宙萬有,萬有卽是生,生是生命,哲學便可稱爲生命哲學。」㉑「生命的哲學,貫通了全部的思想,結成一生活的系統,不是『隔岸觀火』地研究哲學的對象,而是我在哲學的對象內生活,這就是中西哲學的結合。」㉒

一開始,羅主教肯定了這個系統,是中國儒家哲學傳統,而這一傳統,由「易經的『生生之謂易』。說明宇宙變易以化生萬物,萬物繼續變易以求本體的成全,整個宇宙形成活動的生命,長流不息。」㉓西洋哲學的傳統也以萬物爲研究對象,「西洋形上學以萬物爲『存有』,『存有』卽存在之有,爲一切事物的根基。」㉔「『存有』和『生命』爲一體之兩面,在這兩面的基礎上,建立我的哲學。」(同上)由此可知在羅主教的「生命哲學」中是希望能結合東西方這兩大哲學傳統而這新的體系奠基在『存有』和『生命』故其「生命哲學,可以代表中國傳統哲學的革新,而成爲中國的新哲學,生命哲學可以作爲天主教思想和儒家思想的結合,成爲教會本地化的基礎。」㉕這是羅主教最大的希望,也是處心積慮要完成的工作。

本節嘗試從羅主教的著作中了解他對生命哲學的解釋，也可以看出他如何將古今中西的哲學融爲一爐。

1 哲 學

哲學的定義自古希臘以來，無數的學者都嘗試用自己的語文作一最完滿的說明，因此，從「愛智」到羅主教的「推知萬物至理的學問。」[26]之間在時間上間隔廿餘世紀，此定義也是傳統的定義由這定義可分析出傳統哲學的主要課題。

推知——理則學、認識論

萬物——宇宙論、人

至理——形上學、本體論

學問——有系統的知識

這是羅主教在民國四十九年出版理論哲學與實踐哲學（士林哲學理論篇與實踐篇）中所寫的定義，我們再從其他的說法來了解：

> 我認為哲學的主要課題應該是人的生命。[27]
>
> 哲學為學術工作，乃生命的高度活動，哲學的研究乃是生命，為我的生命

向各方面的表現。㉘

研究哲學是人的一種生活，人的生活為人生命的表現，……哲學的研究工作為人的理智生活；因此哲學的思想為人生命的一部份，也可以說哲學研究為人的一種生命。㉙

哲學的研究為生命的表現，人的生命就是『存有』，凡是沒有和人的『存有』發生關係的事物，對於人便是不存有，對於我所有的『存有』，是和我的生命發生關係的事物。（同上）

羅主教在諸多文章中都提過哲學是什麼的問題，但從上引的文據，可以歸結出，哲學、生命、存有三者是不可分的，而人是結合此三者的關鍵。

2. 中國哲學

在羅主教的第一本哲學著作爲中國哲學大綱，他以爲中國哲學中，儒釋道三家的思想雖各有辦法（方法），但走的方向都相同，三家的目的都在解決人生問題，三家的哲學都是人生哲學。㉚

在儒家形上學中，他從宋明理學、心學中找到中國哲學的形上基礎。㉛六十六年在太極、道、第一實有體文稿出刊以後，易經的生生概念，一直吸引他，並給他的哲學豐富的內容。也因此對中國哲學與新方向有新的看法。

儒家哲學研究的對象是天理……因此儒家哲學的研究對象是生命，是生命之道。㉜

我們可以說：中國哲學的對象，在於研究生生之理，使人達到成全的生命。（同上）

中國的傳統哲學是一種生命哲學。㉝

因此也指出，「中國哲學，在將來的發展，若要繼續往中國哲學的傳統精神，則要走向發展精神生命的路線。」

「在中國哲學思想裡，生命的思想充滿了儒家的哲學，從易經開始，『生生之謂易』把天地的變化都集中在生命一點，生命成了宇宙的中心。」

3. **生　命**

「生命」在羅主教的哲學思想中到底是什麼，在生命哲學初版的緒論中可歸結出：

存有和生命為一體之兩面，存有便是生，生是生命，卽內在關於本體成或壞之動。

我認為性和在的結合為生命，因為這種結合，不是一次結合就固定不易，而是繼續不停的結合，這種不停的結合，稱為行，稱為生命。

實際存在的『有』，乃一整體的實體，實體的根基卽是『在』，『在』是『生命』，實體的根基便是生命。㉞

每一個實體都因著『在』而為『存有』，每一個『存有』都是一，『存在』的一，就是因著『在』，『在』為『存在』則是活動的『存在』卽是生命，就是創造力。㉟

我在解釋實體時，主張實體為一整體，整體之『一』在於創生力，卽是『存有』，卽是具體的『在』，卽是生命。㊱

「儒家形上學所研究的對象也是『有』或『物』，即是『萬有』、『萬物』的最根本觀念，儒家研究『有』不是從『有』的內容去研究，而是從在去研究每個『有』都是『在』，……凡是『在』都是動的，在易經稱爲易。卽是變易。儒家形上學的研究對象爲『變易』，易經稱這種變易爲『生生』；我所以稱儒家的形上學爲『生命哲學』。」㊲

從以上所引用的文據，可以歸結到羅主教把生命、存有、在，看成是一體的諸『面』而其特性是變易、生生。

4. **生命的來源**

從第二版的生命哲學開始，羅主教提出「創造神力」（創造力），「創生力」做爲宇宙萬物，在生命上互相連繫的基礎。因爲每個物體的變易在動因上互相關連，最後的動則是造物主的「創造神力」；「創造神力」發動，宇宙開始時的初次物體，予以創生力，初次物體發動再次物體，以後陸續發動，陸續傳予「創生力」，然而從開始到現在，一切物體仍靠造物主的「創造神力」繼續支持；這種支持，等之於繼續創造。造物主的「創造神力」，即是造物主生命的神力，這種生命的神力，連繫了整個宇宙萬有，宇宙萬物在生命上乃有整體性，而宇宙萬物的生命也有整體性，由同一的生命神力所發，分享造物主的生命。」㊳

生命哲學因此便完全講生命，不僅以生命貫通一切，而是解釋生命的意義，由生命的意義解釋萬有。

在訂定本中羅主教以獨立的章節來解釋「創造力」、「創生力」，並以創造主創造一切。創造主以「創造力」，創造了「創生力」，「創生力」化生宇宙萬物，因此宇宙萬物爲一整體。

四、羅光生命哲學的當代意義

本文所指的當代以鴉片戰爭以後到現在大約一百五十年的時間，在這段時間裡，中國的政治型態、意識型態屢變，從政治觀點來看，共產主義、三民主義爲兩大陣營，政治影響下的學術，造成一種新的型態，尤以公元一九四九年以後的大陸爲甚。在臺灣，儒家爲主的新方向，以融合西學爲基調。㊴民國卅四年賀麟先生所著的當代中國哲學中指出，「大體講來，中國哲學在近五十年來是有了進步，這進步的來源可以說是由於西學的刺激，清末革新運動的勃興，和從佛學的新研究裡得到方法的訓練，和思想度的提高與加深。我們試簡單的結算一下，至少有下列幾點可以值得我們大書特書：一、在這幾十年中，陸、王之學得了盛大的發揚；二、儒佛的對立得了新的調解；三、理學中程、朱、陸、王兩派的對立也得了新的調解；四、對於中國哲學史有了新的整理。」㊵沈清松教授以爲「當代中國哲學主要的成就和體系都是某種方式和某種程度的融合成果。值得論列者有兼、綜的融合導向，當代新儒家的

融合導向，中國士林哲學的融合導向等三種。」㊶

從西方哲學思想傳入的歷史來看，始自明末利瑪竇和同輩的耶穌會士。艾儒略的「西學凡」爲首刊的介紹士林哲學的著作。㊷但致力於將士林哲學與中國哲學融爲一爐而治之的學者，首推羅主教，「生命哲學」則是最具系統的著作。㊸

在哲學界的一般著作中，「中國士林哲學」並不多見，一般的哲學史，在論述當代中國哲學時常以「新儒家」做爲當代中國哲學思想的主要理論系統，而以熊十力及其弟子們尤以唐君毅先生、牟宗三先生爲主（余英時教授在論錢穆與新儒家文中有深入的剖析。）㊹。但如果以著作的系統向度來看，則方東美教授、唐君毅教授、錢穆教授、徐復觀教授、牟宗三教授、羅光教授，堪稱當代中國哲學思想的代表人物。而以對哲學思想的著作而言，以方、唐、牟、羅爲四個主要的系統。方教授受尼采、柏格森及英美的新實在論、懷疑論的影響較深。唐先生則受黑格爾的影響。牟先生受康德的影響。㊺羅主教受士林哲學的影響。

羅主教在「朱熹的形上結構論」文後以熊十力、唐君毅、方東美的三段文字作爲附錄，並指出「這三位學者都以生命觀念爲中國哲學的特性。」㊻在其中國哲學思想史民國篇論述方東美及唐君毅的思想時也標示了「生命哲學」一節。在中國生命哲學的發展中更引了牟先生的文據：「中國哲學從它那個通孔所發展出來的主要課題是生命，就是我們所說的生命的學問，它是以生命爲它的對象，主要的用心，在於如何來調節我們的生命，來運轉我們的生命，安頓我們的生命。」㊼牟先生在生命的學問㊽蔡仁厚教授在新儒學的精神方向㊾，等書都再再的表明，「生命學問」的重要性。

由以上所引可以歸結出，生命哲學在當代諸哲學體系的重要性，而羅主教不僅看出其重要性，更致力建構其完整的系統，以士林哲學補中國哲學從漢代以來無天的缺憾，用『愛的圓融』消彌一切對立，使宇宙萬物，在圓融的愛裡結成一體。

在當代中國哲學思想的四大系統中各有體驗，各有方法，對中國哲學的紹述亦殊途，但能從「良知的傲慢」「知性的傲慢」中超越，體驗到造物主的眞善美，是羅主教「生命哲學」所要爲中國哲學思想指出的一條路線。㊿

註　釋

❶ 羅光　中國哲學思想史，清代篇，後記，頁五二六，臺灣學生書局。
❷ 同上　頁五二三—四。
❸ 羅光　中國哲學思想史，先秦篇（增訂版），頁二五八，臺灣學生書局。
❹ 羅光　歷史哲學（再版），頁一三八，臺灣商務印書館。
❺ 羅光　中國哲學的展望（再版），頁四十一，臺灣學生書局。
❻ 同上。

❼ 同上 頁廿一。
❽ 同上 頁廿八、卅三。
❾ 同上 頁卅五、卅八。
❿ 同上 頁四一。
⓫ 羅光 儒家哲學的體系，頁三四，臺灣學生書局。
⓬ 同上。
⓭ 同上 頁二三七。
⓮ 同註❶
⓯ 羅光 生命哲學，初版序，頁三—四，臺灣學生書局。
⓰ 同上。
⓱ 羅光 生命哲學，二版，序，臺灣學生書局。
⓲ 羅光 生命哲學，三版，序，臺灣學生書局。
⓳ 羅光 生命哲學，續編，序，臺灣學生書局。
⓴ 生命哲學，初版，序。
㉑ 同上 緒論，頁十。
㉒ 同上 序，頁三。
㉓ 同上 頁二。

㉔同上。
㉕同上 序頁三—四。
㉖羅光 理論哲學，頁二，文景書局。
㉗中國哲學的展望 頁廿一。
㉘生命哲學 初版，頁三。
㉙同上 緒論，頁十四。
㉚羅光 中國哲學大綱序，臺灣商務印書館。
㉛羅光 儒家形上學 初版，序，中央文物供應社。
㉜中國哲學的展望頁四。
㉝同上 頁廿八。
㉞生命哲學 初，序。
㉟生命哲學 續篇，頁十六。
㊱同上。
㊲儒家形上學 二版，頁十四。
㊳生命哲學 二版，序，頁二—三。
㊴參考沈清松教授著，兩岸學術思想發展。（中國論壇二四一期民國七十四年十月）
㊵賀麟 當代中國哲學，頁二。

㊶ 同㊴。

㊷ 羅光　中國哲學思想史—元明篇，臺灣學生書局。

㊸ 沈淸松教授以吳經熊教授及羅主教爲代表，吳經熊教授在多篇著作中表現出融合士林哲學及中國哲學的思想。

㊹ 余英時　猶記風吹水上鱗，錢穆與新儒家，聯經。

㊺ 參考賀麟　當代中國哲學。

㊻ 羅光　儒家哲學的體系，頁六七。

㊼ 同上。

㊽ 牟宗三　生命的學問，三民書局。

㊾ 蔡仁厚　新儒家的精神方向，臺灣學生書局。

㊿ 良知的傲慢，知性的傲慢，引用自余英時，論錢穆與新儒家。在天主教的靈修中有所謂理智的黑暗，意指通向（體驗）最高智慧的準備期請參看羅光著我們的天父第九章拔除自我（聖十字若望）。牟先生在圓善論中則認爲，人不須靠外力亦可通向圓善的境界。

國立中央圖書館出版品預行編目資料

生命哲學　再續編／羅　光著.--初版,--臺北市：臺
　灣學生，民83
　　面；　公分.
　ISBN 957-15-0616-8（精裝）.--ISBN 957-15
-0617-6（平裝）

1.人生哲學

128.6　　　　　　　　　　83003910

生命哲學再續編（全一册）

著作者：羅　　　光
出版者：臺灣學生書局
發行人：丁　文　治
發行所：臺灣學生書局
臺北市和平東路一段一九八號
郵政劃撥帳號〇〇〇二四六六八號
電話：三六三四一五六・三六三一〇九七
傳眞：(〇二)三六三六三三四
本書局登記證字號：行政院新聞局局版臺業字第一一〇〇號
印刷所：淵明印刷廠
地址：永和市成功路一段43巷五號
電話：九二八七一四五

定價　精裝新臺幣三一〇元
　　　平裝新臺幣二五〇元

中華民國八十三年六月初版

19104-2

ISBN 957-15-0616-8（精裝）
ISBN 957-15-0617-6（平裝）

學生書局出版 羅光博士著作目錄

士林哲學——實踐篇	25開本	四八四頁
士林哲學——理論篇	25開本	八〇六頁
中國哲學思想史 先秦篇	25開本	六五六頁
中國哲學思想史 兩漢、南北朝篇	25開本	七一〇頁
中國哲學思想史 魏晉、隋唐佛學篇（二册）	25開本	一〇四二頁
中國哲學思想史 宋代篇（二册）	25開本	九六二頁
中國哲學思想史 元、明篇	25開本	六三四頁
中國哲學思想史 清代篇	25開本	七四六頁
中國哲學思想史 民國篇	25開本	四八〇頁
中國哲學的展望	25開本	七〇四頁
新儒家論叢	32開本	二三〇頁
人生哲學論叢	32開本	四五二頁
宗教與哲學	32開本	三七〇頁
利瑪竇傳	32開本	二三六頁
羅馬四記	32開本	四二四頁

瑞士、羅馬、臺南	32開本	三〇六頁
臺北七年述往	32開本	二五二頁
儒家哲學的體系	25開本	四四〇頁
生命哲學	25開本	四〇〇頁
振興民族生命	25開本	一四八頁
儒家哲學的體系續篇	25開本	二七二頁
中國哲學的精神	25開本	三二八頁
儒家形上學	25開本	三三八頁
生命哲學續編	25開本	一九八頁
生命哲學再續編	25開本	二六六頁